AF347102

COLECCIÓN
ESTACIONES

La **Colección Estaciones** surge como el intento de poner en primer plano el trabajo de una serie de poetas argentinos de primera línea, que a pesar de tener una obra consolidada siguen siendo difíciles de asimilar.

Se trata de poéticas excéntricas respecto de cierto consenso –siempre cambiante y coyuntural por otra parte– y de la expectativa de lo que se sobreentiende como poético.

Los autores que la integran nacen en general a partir de los años sesenta (o poco antes) y el grueso de su obra ha sido publicada entre la última década del siglo pasado hasta la actualidad.

ANTOLOGÍA
POÉTICA

DIRIGIDA POR
**CARLOS BATTILANA
MARIO NOSOTTI**

Páez, Roxana
  Fauna del nuevo milenio / Roxana Páez - 1a ed. - Barcelona / Ciudad Autónoma de Buenos Aires : Miño y Dávila editores, 2023. - Selección y prólogo Mario Nosotti
  224 p. ; 23 x 15 cm. -

  BISAC: [POE005070] POETRY / American / Hispanic American
            [LIT014000] LITERARY CRITICISM / Poetry

  WGS: [150] / Belles-lettres / Lyric poetry, drama
            [151] / Belles-lettres / Lyric poetry

  THEMA: [DCF] Poetry by individual poets
            [DCC] Modern & contemporary poetry (c 1900 onwards)

  ISBN 978-84-18929-93-9
  Depósito Legal: M-1101-2023

Edición: Primera, Febrero 2023
Lugar de impresión: Buenos Aires, Argentina / Barcelona, España
Diseño y composición: Gerardo Miño

MIÑO y DÁVILA
EDITORES

Dirección postal: Tacuarí 540 (C1071AAL), Ciudad de Buenos Aires, Argentina
c/López de Hoyos 15 (28006), Madrid, España
Teléfono de contacto: (54 11) 4331-1565
Correo electrónico: administracion@minoydavila.com
Página web: www.minoydavila.com
Redes sociales: @MyDeditores, www.facebook.com/MinoyDavila

ROMANA PÁEZ

FAUNA DEL NUEVO MILENIO

ROÑANA PÁEZ

FAUNA DEL NUEVO MILENIO

Selección, prólogo y entrevista
Mario Nosotti

ÍNDICE

DIARIO DE LA CHINA
(Donde el diablo perdió el poncho
y la liebre y el zorro se dan las buenas noches)

SERIE DE BANDA RUMOROSA

IMPASSE DE LA BALLENA

ROXANA PÁEZ

FAUNA DEL NUEVO MILENIO

PRÓLOGO

Una gran distracción animada

–notas sobre la poesía de Roxana Páez–

"Mi trabajo cotidiano consiste en contener las huellas de lo percibido en cajas de ritmo, máquinas de gorjear", dice Roxana Páez en el prólogo a *Impasse de la ballena*, un libro publicado en 2018. *"Los poemas nacen de la sorpresa y del descubrimiento, se asemejan a una foto movida, porque esta parcela del mundo está hecha de movimiento puro, de cambio. Los versos son como lo que queda en las imágenes retinianas, restos de luz retenida en el instante mismo en que las situaciones que reflejaban dejaron de existir."*

Desde la joven que publica su segundo libro bajo el sello de esa tribu que amparada a la sombra de Delfina Muschietti y las lecturas de Centro Cultural Ricardo Rojas empezó a infiltrar con su actitud renovadora la poesía argentina de los años noventa,[1] hasta la que en su sostenida inconstancia lleva publicados más de diez libros veintisiete años después –pasando por la ensayista (Manuel Puig, Juan L. Ortiz, Francisco Madariaga) y traductora (Pierre Klossowski, Marcel

---

1 *La voz del erizo* fue un ciclo de lecturas, experimentación y encuentro (con deriva editorial, La Biblioteca del erizo, de Editorial La Marca) dirigido por Delfina Muschietti en el que se mezclaban poetas consagrados con voces emergentes de la nueva poesía argentina (Susana Villalba, Ariel Schettini, Silvio Mattoni, Gustavo Álvarez Núñez, Carlos Ellif, Marina Mariasch, Pedro Mairal, Lucas Margarit, Romina Freschi, Carlos Battilana entre muchos otros), que inició en el año 1992 en el Centro Cultural Ricardo Rojas de la ciudad de Buenos Aires y duró más de una década. Roxana fue una partícipe ocasional de esa sociabilidad que, por otra parte, nunca funcionó como un grupo.

Duchamp, Georges Bataille entre otros)– la obra que Roxana Páez viene construyendo en silencio, como por sedimentación de capas subterráneas, emerge hoy en la constatación de un registro cuya labilidad, densidad y contundencia difícilmente puedan ignorarse.

Apartada de los centros de legitimación, guardada por pudor y decisión propia ("La libertad existe / a condición de no dejarse ver demasiado", *Serie ᴅe banᴅa rumorosa*), esta poesía marcada por el trasplante, las idas y venidas, los zigzag (Mendoza, Buenos Aires, La Plata, París, el presente, el ayer reanimado) fue instalando a través de sus libros la configuración de una particular extranjería, de sombra familiar tan íntima como evasiva. La condición flotante, derivativa que habita sus poemas, encuentra su motor en el destello de ciertos territorios: la infancia, los viajes, la lectura, la transculturalidad.

Si los individuos, según Deleuze, se definen por sus velocidades más que por cualquier otro rasgo identitatario, el sujeto poético de Roxana se asume en la deriva hipnótica de una voz que teje espacios de conciencia atados fuertemente en la sensorialidad. La alternancia, la indecisión, se convierten en una postura personal y política. Lo elusivo es en su caso lo más nítido: lo que brilla un instante, lo que se manifiesta, tiene la pregnancia de lo que se recorta como un sello. Solo el poema es capaz de retener esa fulguración que al momento siguiente se pierde en lo real, imagen-movimiento que no se desanima *"por la iᴅealización ᴅel ojo ni el ᴅesajuste impotente ᴅel lenguaje"*.

Desde su partida a Francia en 2001, cuando obtuvo la beca Saint-Exupéry para realizar su Doctorado –por el que se llevó a dos poetas en la mochila: Juan L. Ortiz y Francisco Madariaga– entregada a la escritura y a sus clases en universidades francesas, esta platense instalada (casi un oxímoron tratándose de Roxana) en el barrio multicultural de Belleville –cifra de una fascinación por lo errante, lo provisorio, la mezcla cultural alejada del "multiculturalismo"– ha hecho del vivir y escribir entre dos lenguas la parte más visible de un eco amplificado: el diálogo entre tiempos, geografías, espacios afectivos y biográficos que entrama la imaginación.

Chicos, chicas, marcas de la cultura pop y el mainstream, imágenes veloces, luminosas, asociaciones raras, sorprendentes, pueblan sus poemas. Un hermetismo de miniaturista, del detalle animado, se alía a la extrañeza como arma para densificar el mundo, para hacer emerger su carácter sombrío, casi mudo y de pronto, solar. Los poemas de Páez son como actos de magia, las cosas, las personas, aparecen y se esfuman en el flujo de la narración continua. Como esos pueblos vistos desde la ventanilla del tren (estoy glosando uno de sus poemas), que se dejan atrás porque el tren corre, pero también porque aparece el mozo y te ofrece un refresco.

* * *

Como los relumbrones en un techo de zinc, una mitografía personal aparece por golpes de escena a través de los libros: padres, hijo, veranos, amores truncos, viajes, advienen a partir de un estímulo casual o impresión momentánea. Lo biográfico subiendo y bajando por las sogas de los juegos de palabras, por los chistes de lengua. Preguntas y apelaciones a un interlocutor que no se sabe bien adónde atiende, un lector suspendido en el asombro del acto que es también una especie de sonambulismo, de atención telepática. La infancia puede estar a la vuelta de la esquina, en un mensaje escrito con tiza en la vereda, en la puerta escondida. Júbilo repentino, el recuerdo es un mar que se estira en olitas y nos toca los pies con su frío, nos despierta al presente de un pasado tangible.

No hay aquí sin embargo cronología alguna salvo la construida de manera arbitraria. "Los recuerdos son pedazos de vida / arrancados al vacío", dice la cronista del poema "23, Rue Vilin. Peluquería para damas, Remix", de *Impasse de la ballena,* "Durante mucho tiempo busqué las huellas / de mi historia. No encontré nada. A veces / me parecía que había soñado, que sólo / había tenido una pesadilla inolvidable."

Como una lente que deforma la visión, siluetas recortadas sobre fondos opacos, lo que se hace presente conserva la latencia misteriosa de todo lo que queda afuera. "Pierdo los detalles y floto yo también sobre el flujo / de las biografías y los meandros de unas genealogías / y las cascadas sobre otras vidas que conozco / indirectamente (Monólogo con personajes flotantes, *Fogata de ramitas y huesos*).

* * *

¿Cuál es el tiempo que conjugan los poemas de Roxana Páez? Un presente continuo armado con entradas y salidas. ¿Hacia dónde? Hacia donde la voz suelte sus rayos. Como el erizo *arrojado a la orilla de la autopista, que se cierra sobre sí, hiere y es herido al mismo tiempo,*[2] un detalle sensible (tacto, aroma, migaja del almuerzo, hebra de tabaco en la escalera) hace "irrumpir el pasado como porvenir" (Estilo libre, *La indecisión*). Recordar es el dardo que actualiza un tiempo suspendido, que lo hace concebible para el que nada ve. La sucesión se rompe como un velo ilusorio, la discontinuidad entre los actos que el lenguaje sutura, otra vez la poesía los desata, los deja en evidencia con su iluminación.

---

2 Mínima variación del lema que identificaba la colección de La voz del erizo, la cual rezaba: "animal arrojado a la orilla de la autopista, que se cierra sobre sí, hiere y es herida al mismo tiempo, y en ese giro veloz lucha contra el olvido, porque la poesía hoy espera ser aprendida de memoria como una música".

(…)
cuando se sale de las estaciones
hundiendo la cara en el otro mundo, el aire
achica la cadena de cuerpos sucesivos.

Ni el futuro ni la niñez se hacen menores.
La existencia se abisma.

(Los nómades, *Las vegas y el porvenir*)

Ya desde los primeros libros la destreza asociativa de Roxana activa la fluencia del poema: "la vocecita de cartoon / zumba en la cara de ópalo", "El aire tenía la golosina / de tantos voltios", "Solo la luz ocupaba / el aire con sus resaltadores / de hilo / de araña en la unión de las hojas" (*La indecisión*). Cinética que articula lo fijo y lo movible, o la circulación "por capas" –como el móvil que se pierde en una curva para reaparecer más adelante, más arriba– ciertos sintagmas actúan como impulsos que inervan la semivigilia, la escansión mántrica en que nos introduce la lectura de sus versos, como el suave bastonazo del *sensei* sobre el hombro del discípulo con sueño.

Y es lo que no entendí
de las brujas rumanas
que viajaban al aquelarre
dormidas.

¿Cómo daban tres saltos mortales
para volver
a su forma primera
si estaban en su cuerpo, dormidas?

(La sensación permanece, *La indecisión*)

Esa física tiene su epicentro en el enlace entre el cuerpo y la palabra. Poetizar se asimila en Páez a algo parecido a trepar una cuesta, subir una montaña, arrojarse al mar desde un acantilado. "Un oficio que mantenga / ocupada la boca y la mano // y la respiración" (Parada en mí sombra, *Fogata de ramitas y huesos*).

Escribir y leer son la casa que cobija, que resguarda al viajero en su estancia flotante (más una cueva o choza que una casa). Los libros, por ejemplo, se llevan a los viajes, acompañan situaciones, se lee a través de ellos el paisaje, los sucesos. La lectura y el viaje se entrelazan para crear sentido. Lectura y escritura son en esta poesía componentes que permiten la combustión y el fuego. Pero la poesía de Roxana no pretende ser fuego, sino lo que subsiste de aquella combustión, el humo que se eleva y mezcla con los árboles y el cielo, que sube como ofrenda hacia la transparencia en la que pronto se deshace.

* * *

Gran distracción animada, Las vegas del porvenir y *La indecisión* constituyen el núcleo incandescente de un inicio a partir del cual los poemas trabajarán cada vez más lo narrativo alejándose un poco de la zona de hermetismo y abstracción.

Fogata de ramitas y huesos, publicado en 2002, "recoge la experiencia de la escritura como combustión, duelo y concretización dinámica del tiempo gastado, del gasto del tiempo, el lujo de los poetas", cuenta la autora. Una de las secciones de ese libro se abre con una cita de *Morfología general de las llanuras argentinas*, del geógrafo Federico Daus: "Todos los depósitos de la llanura son de carácter mueble-arenas, limos, arcilla impalpable. Los médanos, las polvaredas, los torbellinos, el acarreo incesante por el viento de panaderos, arenas y aun cenizas, dan al panorama una inestabilidad y una indecisión alucinantes."

Esta inestabilidad de los elementos, de lo que se acarrea sobre la superficie, inscribe en la poesía de Roxana lo alucinatorio, que siempre está ligado a una materialidad precisa, que nunca es meramente onírico o de la alteración de los sentidos, sino más bien del orden del mito construido, tramado en las lecturas sucesivas, el "teléfono descompuesto" de las generaciones.

* * *

El tema de la partida, el del alejamiento y oscilación de la distancia, se entraman con otro de sus ejes, el viaje. El mismo es sobre todo un modo de descubrimiento y avance. Perderse en las ciudades o caminos puede ser una forma vital de la experiencia, pero es también errancia, zozobra, abandono de una seguridad real o ilusoria. Si entrar en "tierra incógnita" implica desamparo, salto al vacío necesario para hacerse a sí mismo, el viaje nos ofrece a la vez el "olvido de sí": dejarnos atrapar por lo que viene a nuestro encuentro, la variación del mundo, aquello que permite elevarnos por encima de nosotros mismos. Como dice la cita de *Marca de agua*, libro de Joseph Brodsky sobre Venecia que la poeta lee en su visita a dicha ciudad: "Se necesitaría una neurosis fuera de lo común o una acumulación extraordinaria de pecados o ambos, para ser presa de una pesadilla en estos lugares" (*Serie de banda rumorosa*). Las ciudades y caminos, las costumbres, las personas, los climas, el cansancio de andar, son a veces la mejor terapia.

"Que lo que falte pase a un segundo plano frente a cada detalle del día, por esa manera cándida de perderse, reencontrarse en las cosas que ve" (Terrazas, *Serie de banda rumorosa*).

La toma de distancia es para el sujeto enunciativo la condición de
ser y de ser otro, alejamiento que implica poner a prueba la lengua
materna. Hay que dejar atrás lo familiar, ir más allá para constituirse.

Adónde pertenezco? Una página es mi casa,
el lienzo que va a cubrirme,
donde nos enrollamos vivos.
Necesité ser extranjera.
Sí: aquí, ahí, allí, la distancia exquisita.
Pertenecer y no pertenecer
perdiendo para ganar todo lo que me corresponde.

(Las lagartijas escuchaban detrás de las piedras, *Serie de banda rumorosa*)

No quería morir y para eso
tenía que volver a empezar
en otra parte. Ser todavía
protagonista
de un proyecto.
Todo sería posible. Las cosas no estaban
fijas para siempre,
no pasaría esa misma puerta que protegía
mi felicidad
con los pies por delante.

(*Serie de banda rumorosa*)

Madre ciruelo, aparecido en 2007, es la preparación a la distancia
de un duelo por anticipado. El poema, el libro mismo es el modo de
prepararse para la pérdida irreversible. El libro vive. La "utilización",

fracasa. La misma noche del día en que la hija regresa para acompañarla, la madre que "la esperaba" "decide" partir. Madre que vocifera, o que hace reír, madre con la que el vínculo creció o se hizo más visible sobre todo la distancia. La hija se pregunta, "¿cómo será el silencio / de quien es / sobre todo / voz?" y luego, "Ma llamada también «la radio». // Ahora que no puedo / escucharte, la radio se prende / en mí".

El libro, que es también una vuelta a la infancia, pone en escena el intento por restañar la herida como hija y a la vez como madre de su propio hijo, el dejar de ser hija "para convertirme / en madre sin madre". No obstante, el tratamiento del dolor dista en Páez de cualquier afectación, se trata como bien dice Carlos Battilana de "un fraseo ascético, diminuto e irónico, que sin embargo, en algún momento, ensaya tímidamente una plegaria amorosa que atraviesa todas las posiciones enunciativas en busca de un interlocutor".

> Un día cualquiera supe
> que lo maternal me había enseñado
> que no existe diferencia entre lo interior
> y lo exterior.
>
> Al salir de un País
> y de una casa
> siempre había encontrado los órganos.
>
> ¿Es que nunca salí?
> ¿O me mantuve desde un primer momento fuera?

* * *

A partir de *Ma re ciruelo* y sobre todo de *Serie e ban a rumorosa*, la indecisión genérica gana cada vez más terreno. Largas citas de libros, párrafos en prosa conviviendo con poemas, lo que importa es sobre todo el devaneo de una voz, pensamiento ensimismado que dibuja y que borra sucesivamente las barreras entre tiempos, lugares y personas.

Serie ꞁe banꞁa rumorosa podría caracterizarse como una consecución de crónicas poéticas sobre distintos viajes: recorridos por Marruecos, por alguna escarpada isla griega, recuerdan en sus largas caminatas y detalladas descripciones los poemas en los que Pasolini deambula por las periferias (romanas, africanas, israelíes) dando cuenta de lo que se presenta ante sus ojos.

Pero los lugares de Roxana son también escenificaciones del deseo: París, Venecia, La Plata, Mendoza, la costa atlántica, la llanura pampeana, la patagonia, son puntos en el mapa de una pulsión nómade que busca encontrar algo o encontrarse. Liliana Ponce observa como el sujeto poético se construye "siempre entrando y saliendo del yo al nosotros": "En cada fragmento y cada poema, los viajes se arman y se desarman con los hechos vividos como mosaicos rotos vueltos a componer –y así se vuelve a pensar el yo como un fantasma que a veces se adormece y a veces grita."

Mientras viaja la poeta lleva en la mochila libros de Walser, Brodsky, Levrero, Sylvia Plath, Hughes, HD (Hilda Doolittle), Ponge, compañeros que entretejen el diálogo y abren preguntas, viajes dentro del viaje.

* * *

Impasse ꞁe la ballena es una especie de homenaje, de registro visual y sonoro del barrio parisino de Belleville, donde la poeta reside desde 2003. Es uno de sus libros más extensos y, al decir de la autora, uno de sus trabajos más arduos, en donde la poesía va a plasmar el *pathos* de ese espacio singular, a saber, su cosmopolitismo, ese "equilibrio frágil, apresado en el ámbar de un barrio". "Babelville" de migrantes y artesanos, comerciantes y obreros; todos son extranjeros en esta ciudad del multiverso desde donde se ve todo París. Con una letanía vigorosa, una ansiedad apenas contenida, la cronista da cuenta de aquéllas "microhistorias en el flujo de la historia" y del lugar que ocupa ella misma, "el nuevo mundo / donde me arraigo cuando dejo el mío / aquí llamado «el viejo»".

El aquí y el allá son el tiempo presente, una lengua y la otra, la patria y la ciudad adoptiva, o ni una ni otra, esa especie de limbo, de suspensión que logra la escritura.

"Los lugares nos cambian –dice Roxana–, cambian la forma en que nos vemos, dejamos de ser uno… Una especie de náusea, o sacudón, hasta que las partículas vuelvan a acomodarse, a rehacer una forma que ahora es zarandeada por los nuevos olores, los nuevos ojos, el rumor de las lenguas. Esa es la travesía de cada uno para convertirse en otro y en sí mismo".

Mezcla de diario etnográfico, de paseo y de meditación, los poemas de *Impasse de la ballena* nos traen el nomadismo de Cendrars, el Simic de las cajas de Cornell, el Perec que pretende agotar un *aleph* parisino. Cafés, peluquerías, talleres y zaguanes, conversaciones en lenguas cruzadas, chicos jugando en la calle, corridas imprevistas, transacciones, esperas, zozobras, plenitud.

En *Diario de la china* la voz poética se enmascara en esa especie de arquetipo nacional que es la china sin voz ni voto del Martín Fierro. La primera edición: *Journal de la china (Où le diable perd son poncho et où le lièvre et le renard se disent bonne nuit)* fue una edición bilingüe publicada en Marsella por Fidel Anthelme X en 2012.

En los libros de los últimos años (*Impasse de la ballena*, *La tiza de Poe*, ambos del 2018 y *La isla fosforescente*, de 2021) la poesía de Páez conserva su obsesión antropológica, su trabajo de arqueóloga que indaga en yacimientos culturales, sensoriales, afectivos.

La tiza de Poe, un libro de poemas variopintos, contundentes, contiene uno de los textos más políticos de Páez, "Río refuso", que rememora la terrible inundación de La Plata ocurrida el 2 abril de 2013. A través de testimonios, historias, imágenes que se construyen en un tono entre informativo y onírico, el poema restituye lo que tanto las estadísticas como el barro habían ocultado. Todo lo que tragó la corriente, las víctimas, los objetos, la negligencia repetida de los gobernantes, es sacado a la luz por el poema.

De un modo u otro, los poemas de Páez ponen en juego ese "deseo de tocar a distancia": lo liviano, lo movible, la alegría de lo que se descubre, se revelan por deriva, por atención flotante. Hace unos meses, mientras me encontraba trabajando en este libro, Roxana me contó entusiasmada en un mail de su sorpresa ante la coincidencia entre la aparición de *Lieux*, de Georges Perec, un autor que aparece en su *Impasse de la ballena*, "porque además su callecita pobre de la infancia estaba detrás de la mía, la rue Vilin, que quedó dentro del parque", agregando al final, "Esos vasos comunicantes tan extraños que se hacen, ¿no? Cuando leía ayer lo que él pretendía hacer con ese proyecto, *Lugares*, me reconocí totalmente en sus palabras. Y sin embargo nada sabía de aquello cuando escribía el libro".

Mario Nosotti

Florida, octubre de 2022

GRAN DISTRACCIÓN ANIMADA

BALADA DE LA HIJA MENOR

De qué avenidas vendrán
el hombre y el chico que pasan por mí
e igual están lejos caminando
por calles que no veo, intercambiando cosas,
palabras dentro de las manzanas
de otros barrios. Sin embargo, no son
ellos a quienes me aproximo
con estos ojos. Entre los brazos
siempre llevo a mi padre que murió
helado en las calles de Estocolmo.

Yo misma pruebo el frío que olvidé,
cuando al final de unas flexiones
(en esa breve soledad)
finjo dormir en las baldosas.
El mediastino helado expande su vacío
hacia todos los órganos
que hace un momento palpitaban.
Es en el frío donde abrazo a mi padre.
Y el presente se vuelve superfluo,
una cáscara luminosa que protege lo incoloro.

La que yo sea, pasible
de voces diferentes
tiene su espejo en el piso,
lo idéntico de mí cuando lo encuentro
sin vida, cuando ya no lo encuentro.
El frío sólo evapora la huella,

de lo que desaparece
en las calles heladas de Estocolmo. O
la imagen misma se disuelve
y, a veces, sobre el piso reaparece
con el aliento del gimnasio.

BALADA DE LOS DIJES DE LA FIEBRE

Cielos de caña donde un insecto
ataca el corazón:
mi amiga negra duerme
con una fiebre extraña.
Ya no puede correr por esa mancha
que tiene junto al ojo.

Rezagada la luz, ausculta
el afiche de témpera que
mereció la segunda mención
al premio de pintura.
¿Estás aquí o allí?
Desde mí, la telaraña
pesca los vidrios
verdes de sus anteojos de pasta.

El padre fue a buscar dinero
a los Estados Unidos. ¿Juega al basketball?
¿Vuelve algún día?

Bajo las gotas oscilan
los dijes castaños de los plátanos.
Ella también se mece en el continuo presente
de un vaivén. Ella se mece
sin perder ni ganar formas.

LAS VEGAS DEL PORVENIR

APARTAMIENTO

> *Una sola persona nos ama*
> *con la que bajamos estas lomas*
> *en el asiento delantero del tándem.*
>
> D. Barnes

Ahora la pendiente del sol
espera la ráfaga del tándem.

Una es amada por uno,
no necesito mirar.

Dos tramos se anudan en
la historia de nacerme.
El pensamiento mismo
convertido en viaje.

Llegan los duques de la mañana
irisados en los bordes
del camino blanco.

Siendo callada e infinita
dos instantes: el amparo
al iniciarme y el cierre
de la polvera.
Su espejo que deslumbra
entre formas cambiantes.
La luz antes de descomponerse.

Arrullos del amor
en la hoja,
posible e imposible.

SCHUBERT - BERLIN, 22.50

Las voces, al tintinear,
desmantelan el silencio;
regocijos del amor blanco
y seleccionado como una cepa.

Pero si lo callado cae
un amado solitario escucha el crujido
memorioso del amor oscuro.

Hermanos con la cara verde
tras el mosquitero, las manos
no se tocan. Los ojos no se ven.
La franja helada del verano
cruzadas apenas
en la masticación infantil.

¿Quién es el que pasa? El hermano
vuelto a nacer, bautizado
con otros nombres. La manía
ignorada, prendida de una sombra ligera.

Un rostro claro y diminuto
que reaparece sobre la mesa
en los vapores de los platos
y vuela, entonces, desmantelado.

ORACIÓN DE LA PILETA DESIERTA

Una inmersión ahueca el agua blanca.
Los chasquidos en eco resbalando
por vapores de cloro.
Cascabeles que arriba suenan y
aletazos de brazos fantasmas.

Los ojos de buey de los mosaicos
sumergidos, mirando la destreza y el error
de la que nada. Y el agua tibia, sigilosa
de un crimen:
dejar el agua, morir.

Pensar-nadar el continuo de la
vuelta americana. Cuerpo caracol
que en el límite de la pared azul,
se dispara y no llega al centro.

Ni la separación ni la distancia
en la carrera o la asfixia
pueden dañar al cuerpo nadador
en la suspensión móvil que resiste.

LAS SIETE EX-POSICIONES DEL PADRE

Como mi pa•re, ya estoy muerto,
como mi ma•re to•avía vivo y envejezco.

Friedrich Nietzsche

Por momentos me acerco
a la edad de su fijeza
en el retrato del aire;
holograma de adulto joven
pero viejo como amigos míos.

Sentado a la barra de la heladería;
golpeando la cabeza en la arista
de un botiquín abierto;
subiendo vestido de blanco
y saco de traje al Volkswagen.

Debo dar un paso al costado para ver
los borceguíes en el filo riscoso,
la caída libre.

En nuestra relación
no hay fin ahora.
La ausencia se carga
de aparecidos imborrables.

Si rompiera el Gran Vidrio
un fragmento devolvería
el todo inmóvil:

la mano blanca por el jabón,
con un reloj Omega en la muñeca,
es la del médico de niños
a lomo del burro
que remolca un gendarme.

Libre
la caída,
no un hombre arrastrado en el
desmoronamiento.

La salvación tejida de súbito
con las batitas de neonatos
a los que hizo respiración
boca a boca.

Entre los picos y el suelo,
el cielo de Dickens
en el hospital público, adonde va
llevando mi muñeca negra
para la nena moribunda.

HACIA LA ESTACIÓN DEL TÉ

Me deleitaba
en las vitrinas del mundo
por la noche, sus botellitas
con vinos y salsas de tomate
antes de cruzar el puente
camino a casa

hoyos de luz que se abrían
al recorrido de la espléndida
sordidez

cuando llegó al talud
el ómnibus en que yo iba;
se prendió su cola
tirando babas de caucho al cielo.

Volví con la cara negra
de la que huyendo se encontraba.

RECINTO DEL TÉ

La luz se hace presente
muy despacho
en el cuarto vacío.
Asilo de relieves
provisorios y
hologramas. Querido ser
que tocaría y se desvanece.

En el espacio incompleto
a la manera suave
de la ansiedad,
las maderas sueltan
su olor
sin simetría.

Después del jardín entro
avisada.
Estoy en la ciudad y
el mandarino prosigue
su descomposición
en el barro. Todavía
alimenta hongos naranjas,
pompas de fiesta
en torno a su muerte.

Pareciera que
no escucho los ruidos
inmediatos del mundo.

El polvo cae sobre
estas pocas cosas
y sobre mí la luz
que lo vuelve visible.

HÁBITAT

La cuña del calendario
entre cuadros movientes por
el nublado de la estación
más húmeda. Esas esquirlas
risibles que no son sueños.

Las baldosas con gasoil
por donde resbala el cuerpo
con fondo de cajas de ritmo
yéndose
a otra parte, interior.

Ahí donde dejaste coca-cola
dulce y tan fría para la alegre
noche, casi adormecida sobre
la red del músculo.

Donde la vara de las lenguas
me convierte
en buscadora de perlas
de película. O si no,
la que un túnel socava
en la masa luminosa del agua,
sin rostro, vuelta rayo de luz.

SUEÑOS DE PERRO

que la mirada agrisa
al doblegarse los lomos del agua
que varan en la arena seca,

lejos de la casa y
su tinglado llovido
de agujas de araucaria,

a la intemperie cortada por
el mentiroso horizonte
en los aplausos del fuego, ver oír.

Los hombres que trajeron
a la rastra un velero
¿para quién
lo llenan de uvas y sandías abiertas
como un mimado animal?

Van a extender más allá la línea
del horizonte, como el sedal.

Cuerpos insolados que más tarde
llegan a los vados del río. Y
del río al éter, asomando en el vidrio
por sus nombres propios
mientras las patrullas buscan
pincharlos en los fondos de barro.

LAS CARAS DE MIS HERMANOS MENORES

En el límite del parque
donde se oye la flauta
se sientan y despiertan.

El arroyito pasa y el agua de la
acequia y el agua del zanjón del
Cacique y el aluvión arrasa.

La madre en el centro de calcio y
la diáspora de los hermanos,
gajos de naranja disparados
en la siesta de un pic-nic.

Hacia Alemania.
Hacia el fondo de plata
manchada en el Sur.
Hacia las vides rosadas
sobre el oeste sequizo.

Hermanos que caminaron techos
de aluminio en la calle de los indios.
El padre deshizo las huellas
entre los rayos violetas
de los copos.

No vio los pasitos hundidos en las vegas.
Y las regó con el agua del deshielo
viniendo en ella cristalino.

VENTANAS EN LA NOCHE

Lo que siente cuando mira
desde el ómnibus
las ventanas iluminadas
es la pérdida de su propio cuerpo,
como un misterio devuelto
a la transformación
de lo real.

La luz glacea las cajas
de voces suspendidas cerca
de los fragmentos de anaquel:
libros imaginados
ocuparon las horas
del torso que refresca
mientras habla
su espalda en la noche.

Cuando mira,
por cada ventana empuja
hacia fuera el cajón del cuarto.

Los movimientos son de una vida
familiar. Pero ella no está ahí
sino en la velocidad oscura
yendo a su propio sitio.

La intimidad abierta
en su silencio turbulento.

No se oye la visión
que va quedando
prendida en los párpados
al cerrarse.

Igual, tanto se agudizaron los otros
sentidos que huele las cocinas
y el perfume de la humedad en el living.

Quisiera preguntarse más
sobre las partes del espacio
entre los edificios y el asiento.
Pero su lenguaje se detiene
antes del nudo que haría
el pensamiento a su imagen.

Acunan en una sensación de alianza
las cuevas de luz.

Lo privado es hecho por todos.
Y la luz no salva la mirada
del vértigo,

como los fuegos adentro de las rocas
que ella había visto en Capadocia
con las mujeres amasando en el suelo.

FOTOS DEL 80

Vive un labio brillante,
la luz en la boca bajo el ala
del sombrero. En el escondite
de los ojos intuyo (o recuerdo)
el haz del iris en las paltas.

Muy de cerca, desaparece muda
en los cristales del bromuro,
pero el kimono es verde y
un pájaro emigra
bordado en la espalda.
La voladura de la voz queda
sobre la garganta
en sombras
con mostacillas de "oro".

UMBRAL

Los hombres y sus caballos
con pelaje desprovisto de luz,
suspendidos
por los ungüentos
de eucaliptus medicinales
que el aire aplica
a su sensación indiferente,
esperan a los arrendatarios
de medias horas,
a través del cardal.

Un chico llega
al caballo con las manos
primero.
Pilas de glúteos animales, humanos
a paso de hombre.
"Parece una moto", dice
y pedalea sin estribo
agarrado a la crin.

Extrañado del piso
apenas baja,
se vuelve con el cuerpo dividido,
el racconto eufórico del torso sobre
las piernas en un arco ojival.

Esa tarde le cocina el sueño
invertebrado, cuando se desabrocha

en el renglón del aura,
su cucheta. Y deja de oír por ese rato
los sonidos multicolores
que no son engañosos para él.

LA INDECISIÓN

LOS DOMINGUEROS

¿Dónde está el bosque?

—En la pecera fría
sobre el musgo,

el perro muerde una piña
y sigue conociendo
el mundo por su trompa.

Llueve…

—¿Y los indios de Punta Lara?

—Se tumban entre camisas
del Asia colgadas
frente al río.

Sobre los cráteres del pavimento
flotan las ninfas
antes de evaporarse
con sus alas al mundo
de los cuerpos humanos.

—¿Y las mujeres?

— De espaldas al horizonte,
miran al otro lado pasar
los autos

esperando que paren
para comprarles pimienta,
ristras de ajo, ají morrón.

El sedal de la araña
se pone a brillar
entre la mesa de piedra y
un origen incierto,

sobre cortezas caídas
del manjar nacional
que el perro hace crujir
como el pájaro cortarrama.

MAREA

Un chico de pelo negro
al borde del agua
ensimismado,
hasta que otro se acerca
y van a saltar sobre la luz con las tablitas.

Pero enseguida las dejan en la arena
y vuelven sin carga al mar.

Ahora vuelan,
poniendo el cuerpo duro sobre los lomos grises,
para quedar suspendidos cuando la ola pasa.
Y caer.

Bailan, en la cresta estiran los brazos
y sacuden los pies. La ola es partenaire.

Sienten miedo. "¿Si es un cangrejo
lo que me tocó la pierna?"
"¿Si es una aleta, la arista gris que brilla?"

"¡El mar, el mar
siempre vuelve a empezar!" (a dúo)

Y uno dice : "En un golfo me hundí,
las algas se movían al compás, igual
que en los dibujos animados,
rojas, azules, verdes."

La mujer recostada sobre la lona
prende un cigarrillo, las volutas sombrean
su "atención flotante".

Y ellos salen del agua
apretados a sus propios cuerpos
de un violeta distinto cada uno.

LA CASA

esta caja con ruido secreto

y un ritmo diverso que viene
de afuera:

las copas de los plátanos
hacen la cresta
aérea de un animal pesado.

El aire le abre unos túneles
en el lomo que van derecho
a la acuarela del cielo,
licuada
en los plisados de cinc.
Unos telgopores se desprenden
del techo y vuelan
como nieve simulada.

El silencio de aquí, mi amor

mi casa nunca será suficiente

y es triste escuchándolo de afuera
sin pensar en esa nece(si)dad:

Chicos,
vayan afuera a jugar,
que yo les gano de mano y me quedo

el lugar
con una apariencia de cuerpo quieto.

No tienen la altura para descubrir
esa cresta. Y todo el día están viendo
bichos fantásticos.

Amor,
en un momento hay un ruido que deja
paso a otro ruido secreto:

yo haré bailar al niño.

EXPOSICIÓN

En un fondo difuso de agua
jabonosa, genitales hechos de flores,
guardas secas de siemprevivas que cercan
los pétalos frescos sobre la leche.

Un móvil de plata cuelga
frente al atril del espejo.

Fuelles de hueso y piel. Vértigos
de encastración con un ruido secreto.

GORDAS

Tan cálidas manos sacan la cáscara
a una lengua de vaca.
La voz les viene de su gruta.

La cocinera que más dice
al hacer troncha la carne gris
y la vuelca en un fondo donde crujen
pasas, duraznos y ciruelas,
como piedras que recién deja el agua.

Tapa la "deliciosa lengua frutada"
que sangra
con rodajas de tomate
muy finas.

Vidrio esfumado para mirar a través
del olor. A las dos, el reflejo del hambre
gruñe por el animal vivo

en el hombre
haciendo ambages
sobre los techos de aluminio.

El vapor frutado que sube
ya no es doméstico,

es un trance animado por el viento
y las preparadoras,

aunque baje
como lluvia de caldo.

ESTILO LIBRE

Un yo que se hubiera
hecho inocente
en el olor a goma mojada
de los clubes.

Desnudo por el rumor
que sube del vestuario
a la cocina,

para las masas
de agua, que raspa el azulejo
como un beso de vidrio.

Tan atento
a la única densidad
que fluye y refresca
después
en la percepción de otros mundos.

Cuando
en apariencia se seca
—oh viento del oeste
sobre el hipoclorito azul—,
ve irrumpir su pasado como porvenir.

VESPA

Cuerpo amarillo con bandas
negras, que inocula de golpe
y muere.

Succionaste
el monte de venus
de la mano y pasados
los días el ardor sigue todavía,

cuando el cuerpo seco
viaja en un frasquito plástico
al insectario de la escuela,

cuando el humor acre
avispa y las alas de himen
se vuelven sobre sí para
la metamorfosis completa.

La avispa comió de sus parientes,
las abejas, y royó la pulpa
ácida de las uvas, antes de armarse
y no volver al hexágono gris.

ABISMOS DE LUZ

Bajamos los "caracoles"
que tenían forma
de un signo de interrogación,
en el Valiant de Beby y Eduardo Wynne.

La nieve fosforecía en la noche
y los faros alumbraban el precipicio
antes de girar. Miraba hacia atrás
el puro presente sin respuesta.
La tragedia, natural como la respiración,
fabricaba
la libertad lentamente.

MÁQUINA DE GORJEAR

Trepé por las ramas y el cuaderno
quedó abierto con un piolín atado
al espiral de cobre.

Cuando tirara del cabo se cerraría
en forma automática al subir.
Pero el verso no entró.

Parecía considerar el asunto,
si así puedo describir el estado
de indecisión

al sentirse atraído
en direcciones opuestas
por dos impulsos diferentes.

EL CARÁCTER INDECISO

Con la mitad del cuerpo
apoyado en la mesa y un foco
sobre los ojos,
no es una falta de carácter
la incertidumbre.

Lo difícil es el tiempo perdido
en distinguir lo que puede
una armónica de lengüeta libre.

La duda
no me impidió cercenar las reservas
de impulsos sentimentales.
Solo en la constancia
con la impropiedad de las palabras
se sostiene
el carácter indeciso.

Hay unos balcones de hormigón
con un tarro de jazmines en tierra
y un fondo de montañas secas.

La máquina teclea fragmentos
de *Una temporada en el infierno*
sin ningún objetivo,
como nadar o bailar.

No sabía que escribir cansa.

Abajo, el ruido del auto que no arranca
y la gente que se ofrece
a empujar.
Tiembla la tierra.

Bajamos la escalera
con una frazada y las mujeres
aprovecharon para pasear desnudas,
apenas tapadas por la sábana
que arrastraban como un velo.

Desde el estacionamiento
se veían las arañas
convertidas en péndulos.

Y ahora miro arriba. Unas nubes rosas
van al sur como camarones
que flotan en el agua celeste.

Hago la vertical y pierdo
la sensación de la edad.

Las paredes también se ponen rosas
en su opacidad, porque reflejan
esos crustáceos del cielo.

Mirá, nene, ahora
esas nubes se caen de unos renglones
también rosados.

Las antenas
son unas letras oscuras allá
arriba.

A veces la indecisión se refiere
a la hora
en que voy a sentarme a escribir.

UNA MUJER TÍMIDA

Rien e plus beau qú un beau brouillon.[1]

Paul Valéry

Muy untada, la página ciega
el fracaso. Y una nueva confianza.

Ah, menos visible,
mi verdadero yo trepa la montaña.
Busca la forma de la interferencia.

Una nada,
en la nada.

Y se empieza a escribir
entre el abismo que habla y
una gran distracción animada.

---

1 Nada más lindo que un buen borrador.

GALA POPULAR

Todas las cosas movió de lugar
el "viento loco".

Dora barría las hojas del manzano
en el patio con el pelo lila
de tormenta cálida ya por romperse.

El cielo así volvió fosforescente
el verde y azuló las calles rotas,

se reflejaba
en candelabros de lavanda.

Ocho días antes del invierno
el calor misterioso anidaba
en el aire y las copas crocantes,
como un instrumento carioca
que finge el viento con semillas.

La lluvia si
La Plata mojada se vuelve
plateada y su discreción se convierte
en luz, encanto de estrella europea

con aire dador
de auténtico élan.

Pájaros que se reúnen
en los naranjos amargos.

Vendrá la lluvia y
no será la misma...
El agua que corre la chapa,
rebalsa el tacho, moja el cartón,
disuelve el piso, resbala
las herramientas pocas y

era otra lluvia, de chicos,
al pisar el agua sin conocer
su maldad.

Pisar la lluvia, por el contraste de la casa.

FOGATA DE RAMITAS Y HUESOS

LO ILUMINADO DÉBILMENTE

Mínimas partículas sólidas que se mezclan con gas y
                                    suben al cielo
de un objeto que llega a una temperatura muy alta o se
                                    quema
como el humo de una vela, de un volcán o de la chimenea
                                    de un barco:
espeso, opaco, ligero, a veces azulado saliendo por un
                                    canal de ladrillos.
O las volutas del humo acre de un cuerpo humano como
                                    símbolo
de una infinitud en humaredas estatales.
El smog en la historia de otra ecología.

Pero el hombre no es hijo ‹e aquél vapor fúnebre que sale de un agujero.

Nubes que hacen toser, llorar y morir: *más humo negro*
que nube.

Por una predilección evanescente.
el humo pasa
por el agua perfumada de un narguile
antes de llegar a la boca
como esta palabra.
Esta que voy
a escribir sobre la orilla de la intimidad
que sahúma
como una rosa
el papel blanco y la pantalla blanca.

Una fogata en la calle acompañó el ruido de los metales.

Una riqueza que aparece y se va
al cabo de la mañana
en el cielo de La Plata.

Ya estamos pisando la tierra perfumada.

La gente marcha por la calle 7 y su desesperanza puede
hacerla
avanzar en la forma indecisa de un incendio

ESCALA DE LO SECO A LO FLUIDO

Las letras de tinta no son muy distintas
del humo que suelta la cama de papel
en el fuego.

Y mi placer no tiene nombre cuando las palabras suben
a fundirse con la tormenta, en un ritmo aleatorio
de mariposas harapientas.

EL SUEÑO

Caminé dos horas por una ladera del volcán
Popocatépetl[2], muy silenciosa
hacia arriba.

Llevaba una piedra de cuarzo
en el puño y en la mochila
pan y queso y una bolsa de higos.

Los turistas son como poetas buscando
un éxtasis, pero yo no quería salir
tanto como nacer y esa pretensión fue mi virtud.

Igual que el miedo
ahora. Las rocas se descuelgan
con las manos agarradas a ellas,

y la cinta transportadora de piedras
entre los cordones, que se retuercen como culebras,
laxas después de un gran peñón que las aplasta.

Todos los días están abajo mío,
y en la cicatriz del pulgar
de cuando por primera vez pelé una papa.

Giran los ojos con escamas de arcilla
mientras resbalo en el aire sin oxígeno.

____

2 Popocatépetl: "cerro que humea" en náhuatl.

Ahí cuando la partera encandilada te toma con un fórceps de las sienes.

Y la rodada toma un zumbido metálico.
Llegan intermitentes a la sangre
infusiones de pinchazos vegetales.

El pelo arrastra guano de cóndor. De tan alto,
tan bajo, algo tengo.
Los días originales que se enganchan

a flecos espinosos como la jarilla
de mi propia montaña en otra vida breve.
Ahora las fibras del músculo no deben oponerse a las raíces y las rocas.

Ser agua, porque lo blando vence a lo duro.
Y apenas visible en el relieve
de unas ondas, de la corriente que brotó

repentina de un peñasco de nieve,
bajo hasta el pie de mi madre
que me fumiga con humo de tabaco para que despierte.

SENTIMIENTO DE LO QUE NO EXISTE TODAVÍA

Y sorbiste el tanino de las hojitas de té
para despabilarte al cielo con mangrullos crujientes,
mientras los cuerpos sueñan del otro lado
de la puerta con un diario sobre la cara.

La radio zumba con la frecuencia perdida
en el avatar del viento,

como el jején que halló su muerte
por asfixia y presión adentro del cuaderno.
Un punto negro donde no pensabas
terminar y a duras penas algo
empezaba la mano
balbuciendo.

Hay una invitación de las nubes?
Que hay un llamado del pedazo de vidrio
sobre la tierra negra?

Tu modo de ver trasluce o brilla.
Pero al hablar ya no ves.
Y al leer...

La biblioteca es el cielo
y si el cielo callara oirías
como un haiku
el exceso de velocidad del pensamiento.

CASI EN LA OSCURIDAD

Casi en la oscuridad
se consumieron los libros,
novelas, poemas, aventuras entre pájaros.

Qué oiría en otra sucesión de lo leído?

Las hojas se ponen negras
y en ese luto radioso
el carancho chilla y se hamaca.

CONTRA EL CIELO

Hubo una nube tóxica en Victoria
tras la explosión de 5000 kilos de cloro granulado.

La lluvia inundó el depósito de gas
verde, convirtiéndolo en borrón del cielo hasta el Tigre.

Y los "chicos" mareados pedían salir de esa "pileta" seca,
con los ojos ardidos. Apenas respiraban.

El oscurecimiento bastó
para que mi alrededor viniera conmigo.

Las escrituras se desplazan por las fachadas,
y aunque no veo,
sé que los acontecimientos futuros ya existen.

MEMORIA EN TROMPE L'OEIL

La miré a paso rasante por el camino verde.
No era la pajarita que se puso
a galopar sobre el anca del caballo negro?

Y su camino rural empezaba
aunque hacía mucho de su nacimiento.

Aquí está el plato de aceitunas
sobre la mesa y los vasos de pis frío.

Sentado en la galería cada noche
seguías los renglones de una novela negra
bajo la ronda de los escarabajos.

Y nosotros bailamos alrededor
dieciséis años.

Vendrás a caminar hasta el vendedor de papas
y repollos?

Al menos, nos buscarás cuando termine la cabalgata nocturna
                - con el tordillo, el árabe, el overo rosado,

nos protegerás la infancia.

O de nuevo soy otra vez la mitad huérfana?

Los chicos, mientras mataban unos piojos, dijeron:
-todo
lo que vimos y pudimos tocar
te lo dejamos,

pero lo que no vimos ni agarramos
nos lo llevamos.

LO CERCANO

Si el viento es gratis, también el humo

de las horneadas de pizza y pan
al aire libre dentro del barro seco;
y de los troncos, donde secan los parches
los murgueros después de "la llamada".

Ves la combustión casi inventada?
Todas las "relaciones directas" con las cosas
del verano.

Caminamos bailando por el barro
donde los pies se cruzan fugazmente
con la piel de arabescos de los sapos.

CARÁCTER MUEBLE-ARENA

Un artista del agua
se ocultaba y reaparecía
ligeramente amarillo.

Cuando jugaba
en la casa de Valizas
que tapó un médano
fabricado por el viento.

Y la duna preserva ese vacío
por dentro
casi debajo del desliz de los chicos
que hormiguean toda la tarde hasta la cima
para bajar sobre una tabla veloz.

Donde termina la rapidez, empieza el arco iris.

Miren ese cielo!
cierra el mar,
irisado como el interior de un mejillón.

Si pudiera llevarse
a la *fogata de ramitas y huesos*
el amor que hubo
mostraría que persiste
en los deslizamientos,
y no hay un tiempo quemado.

Como las *palabras aladas* que van subiendo
del fuego, para mezclarse con la noche.

LO QUE SUBE DEL LADO DEL MAR

Ese chico solo está enamorado de la ola
y va a subir debajo del cielo.

Primero toma el desayuno
al lado del fuego.
Y ahora pule la tabla junto
a mi oreja
lijando el segundo
cuando el pensamiento
se excedía de velocidad.

Y en el agua
el sol pliega
              a su ritmo
varias veces el pasaje
de lo inorgánico a lo orgánico.

Se prepara para el ascenso.
Me hace bajar y entrecerrar los ojos
por las moléculas de polvo,
una nebulosa doméstica de *humitos*
como mil pequeños soles
suspendidos sobre los poros.

MADRE
CIRUELO

POEMA DEL MINUTO DE ATERRIZAJE

Tocamos el piso veinte minutos antes
gracias al viento,
toco el día,
un domingo rosado.
Gracias al día,
me siento de nuevo unida
al suelo
por el cielo.

Aerolíneas Argentinas, 26 de febrero de 2006

LA PUERTA DONDE EVA COME HORMIGAS

El 27 de julio
ella duerme en el Hospital.
Le inyectaron morfina
y yo no lo sé.

Nada, de la cama blanca
ni de la inmensa costura vertical
por donde su interior se hizo visible

sólo en su aspecto funcional.

Las manos impotentes
la cerraron de inmediato,

como una puerta,
como una caverna.

De lo que no se puede mirar, mejor no hablar.

Siendo-fuera-y-dentro-a-la-vez, lo interior
me precedía en todo y ahora se adelanta
antes de que lo sepa.

Yo estuve en ese País interior
antes que mis hermanos,
como Lao Tsé en su madre Li,
Madre Ciruelo,
Hija del Jade de Brillo Oscuro.

¿Cuantas veces la embarazó una semilla
de mandarina o una cucharada de dulce
o el cuchillo con manteca ?

Por el brillo oscuro de su lengua,
y la mirada de jade,

un hijo podría decir :
«Quisiera no haber nacido.
Quisiera que no te mueras»,
dibujando un círculo para evitar el desencuentro
o el exterior.

Yo te diría: la expulsión me llevó muy lejos
de aquí, pero no me fui porque el útero
siguió siendo el Mundo.

1 de septiembre de 2005 - 20 de febrero de 2006

CÓMO SE ACERCÓ A UN ALEJAMIENTO EXTRAORDINARIO

El ciruelo ya creció en el fondo
y todo va de la tierra
         hacia derecha, izquierda
arriba.
Más allá de
 la turba hay territorios.
Cuando vi la sonrisa de la señora de los gatos, sentí
un pinchazo del rosal que nunca
había podado. Me inoculó un rumor verde
que salía de las paredes,
como la «enamorada» de la cal dispuesta a pasar
del otro lado
para ennegrecerse con el gas
de los escapes
y alegrarse con los colores móviles.

LA CARRERA

Un día cualquiera supe
que lo maternal me había enseñado
que no existe diferencia entre lo interior
y lo exterior.

Al salir de un País
y de una casa
siempre había encontrado los órganos.

¿Es que nunca salí?
¿O me mantuve desde un primer momento fuera?

Ahora que podrías ser vos
la que fuera
expulsada de la casa, del barrio,
de nuestras vidas y de las vidas de los perros y de los gatos,
por la implosión que dentro tuyo sucede
silenciosa,

me he dormido un momento
de pasaje más estrecho,
en una indecisión somnolienta.

MONÓLOGO CON PERSONAJES FLOTANTES

Está quieta solamente
ahora.
Descansa el viento.
Sus exclamaciones se rebelan contra el reposo
mostrándose en las flechas del pelo
que caen sin impulso sobre la lona.

Su sueño sube

con el humo espeso.

Y el silencio guarda
su cuerpo guardado.

Ma durmió en otro jardín,
donde había un hombre
que se acercaba y desaparecía.

Una calandria bajó y
picotéo un pétalo colorado.
Distintos hombres se juntaban
como un remolino
y se dispersaban incompletos.

Algunos de sus colores oscilan en los pensamientos
que cobran formas
nuevas, y se vuelven orales
al despertar.

Y despiertan con ella
todos los personajes flotantes
que se pone a enhebrar mientras camina
en redondo.

Pierdo los detalles y floto yo también sobre el flujo
de las biografías y los meandros de unas genealogías
y las cascadas sobre otras vidas que conozco
indirectamente.
Ma no busca en silencio.
No encuentra
todo lo que ama
y extrema su cuidado
en lo que tiene.

Arabescos de voz que no puedo
registrar. Barroco de novelas perdidas
que se anida en mi oído
diferente de nuestras viejas
frases breves
-«Juan Pablo, a vos no te hablo; Silvina se fue a la China;
Valeria se fue a la feria y Alberto, al puerto
a buscar pescados muertos».

Su pedazo de cielo pasa mi frontera como un vidrio.

Y adormecida voy sobre la canoa
de rumores que me arrulla,
y me aligeran de mí,

hasta que el horizonte venga a buscarnos como espigas adivinatorias.

FASES DE LA LUNA SOBRE UN TRAYECTO MÓVIL

Me había preparado para juegos más complejos,
cuando mi Padre me regaló
a los trece años
una extraña Libertad
muriéndose
y matándome en él.
Pero siguió vivo en mí con voces y gestos cambiantes.

Lo más difícil fue la indecisión al apoyar los pies
en esas piedras apenas fijas
que sobresalían en el curso del agua,

el miedo de perder el carácter
de personaje flotante.

Ayer traje una piedra roja de Vallecitos
donde desapareció subiendo,
para ponerla en el hueco de mi madre
                        que bajaba.

5 de marzo de 2006

LA SOMBRA LECHE

El último día de febrero lo pasé
eligiéndole música.

Le preguntaba:
¿qué querés escuchar?

Todos los discos que traje
sin saber
          para un día.

—Que sea suave –respondía–,
          (—la Muerte –pensaba yo–).

—El te mandó cáscaras de mandarina
bañadas en chocolate y macarrones
de limón, de frambuesa, de casís.

Le di a probar en migas como si fuera un pajarito.
Y en un instante
aprendí a cambiar el suero y a contar
28 gotas por segundo.

Cada vez estoy más atada
          a mi cuarto
                    –dijo–.

Pero solo fue un día.

Mi hermana ya tenía la ceremonia
preparada
con Purcell.

Yo le traje
el «Poema doble del lago Edem»

porque su cuerpo flotaba entre equilibrios contrarios.

—Soy toda oídos…

Está viajando…

—Me mareo –dice–.

—Entonces, te lo leo más tarde…

—No, leémelo ahora.

El viento espira
y te está buscando
allí donde mugen las vacas con patitas de paje.

—Fabuloso. En la mesita de luz, al fondo del cajón
está la lista con tus cosas.

Porque Ma distribuyó mis objetos después de la mudanza.

Y esta vez me animé a abrirlo y a sacarla.

Así le decía, por segunda vez, que no me resistía.

Ma parecía una imagen de Auschwitz,
la decrepitud en la juventud.
Y abría los ojos enormes y pedía:
—Llamen a una enfermera

(por un día que se vio de pronto
atada a un cable transparente que inoculaba
gotitas con glucosa).

Vino la noche.
Subió un hombre robusto con un tubo de oxígeno.
Nos mostró la bolita de mercurio
          suspendida y bajó
para cobrar antes de irse.

Pusimos un cable en su nariz y
ella no sentía la llegada del aire.

Buscamos la bolita para ver si funciona. ¿Dónde está?

—Llamen al boludo que se va, dijo Ma. Y soltamos
una carcajada.

Ayer le mostraba las fotos de Navidad, pasando
despacito las hojas del álbum hasta la imagen
de su hermano sobre un puente colgante.
Ma la miró y comentó: —se va a decolgar.

—¡No!, por qué, ese puente es tan bonito –exclamé–.

—No, mi hermano –dijo–. Supo que venías y se quiere
descolgar.

Sentía vergüenza de perder
la vida, de parecer un grabado sobre huesitos.
Y admitía resignada hijos y nietos
como desmesura del amor,
venciendo el pudor de todo
lo que el cuerpo deviene.

—Vengo por muchos días.

—¡Qué suerte!

Y me esperó

hasta el día.

La enfermera de noche
llegó esa noche por primera vez.

—Váyanse –nos echaba–. Yo me encargo.
—Y yo crucé un océano para acompañarla
–le dije–. Y me quedé.

La mujer no sabía qué hacer ni por qué
estaba realmente ahí. Me pidió una revista.

Ma decía: —Andá un rato a descansar.

—Son recién las 11, Ma, jamás duermo tan temprano.

Abría los ojos de vez en cuando
para ver quién estaba cuidándola.

Y yo cerré los míos cuando el viaje empezaba.

Ahora Ma no me llamará.

Voy a celebrar una fiesta
por una agonía de un solo día.

Viaje del día hacia la noche.

La partera nocturna me pide llevarse la revista
y se va
con su melena negra
y su remera negra.

No hagas bromas así.

Hay por ahí
una foto
de la persona que más y menos conocí
metida en un sarcófago en el Cairo
con anteojos ahumados y las manos cruzadas
sobre el pecho.

Y ahora te veo
en la planta baja de tu casa,

cayendo,
            yéndote

a estas horas

con dos hombres en la parte trasera
de un furgón
y tus células titilando todavía.

Voy a irme
y voy a escuchar en el contestador
mensajes viejos
de la voz que bajó.

De vuelta de mi madre
en la turbulencia del aire
no me importa estar dentro
de una cáscara de nuez.

No me importa ser una cáscara en el viento.

DIARIO DE LA CHINA

(Donde el diablo
perdió el poncho
y la liebre y el zorro
se dan las buenas noches)
(fragmentos)

ESTA LARGA AUSENCIA COMO UN EXILIO

(…)
Esta larga ausencia como un exilio
es una absoluta presencia

que el tiempo no altera.

El mundo se me esquiva,
reconstruirlo
día a día,
poema tras poema.

Un verso, un día son la misma cosa
si nacés en movimiento.

Vida minúscula, días diferentes, iguales,
voy a levantar su eternidad!

Ya sé que piensan que soy huinca letrada
imitando a una china. Pero no.

Cuando era chica me hechizaba
una palabra que no entendía.

Cuando leí por primera vez
no entendí nada

y eso me deslumbró.

Me alumbró tal cosa!

Los libros son piedras brillantes.

La noche termina en una negra pizarra,

con restos de tiza.
Y encima de la noche,
un renglón luminoso, fulgurante.

No fui a la escuela.
Espiaba.

De cualquier lugar de dónde sea soy
de aquí.

Como semilla con alas. Inútil
preguntar de dónde viene, si se incrusta
ahí. Siendo planta vuela,
siendo autónoma, busca donde posarse
y asoma el brote.

En el bosque percibo
el sonido
de las cosas que van a morir,

los preparativos de un nacimiento.

Criatura negra.

La lengua me da las palabras,
sueños, insultos que ponen a girar
la rueda dentro.

Puedo mirar a los gauchos directo a los ojos,

puedo verlos alzados
en sus bestias galopantes.

Nadie me enseñó a montar
pero aprendí, como a leer, nadar y escribir.

Las vacas sueltas en la tierra son palabras
de un mensaje que no entiendo.

Miro sus ojos negros en medio de la angustia blanca.

Un indio borracho se me acerca
vestido con unas plumas de avestruz.

Se queda en silencio,
apenas me sonríe.
Entre las rendijas aparecen los ojos
medio verdes, escupida de mate.
Mezclado con italiano parece.

Cayó piedra sin llover!
a la rueda donde cebo solitaria.

Hace un fuego y yo me voy
entibiando. Indio mezclado.

Estira la mano para agarrar la mía
de un tirón, siento su aliento
en mi dedo, donde tengo un tajo.
Mira mi lastimadura
para hacer de cuenta
que se preocupa por mí.
Y me la chupa.

Escuché los gritos del chajá.
No sé qué me venía advertir
que me mete en la boca
un gusto triste de sangre.

Bípedo implume! Perturbás
ese silencio mío
y el comienzo de una sonrisa
que no estalla.

Estalla!

Vos tampoco ordenaste tu pena.

Desde la ventanilla, viene la tierra como si fuera sal.
Era de noche todavía cuando llegué.

Pedí a unas chinas ateridas que me dieran una mano
para clavar la pala en las afueras
de los viejos pueblos blancos,
enterrar otro mal recuerdo en la nieve.

Campos helados. En pocos días me voy al verano.

De aquí,
donde la liebre y el zorro se dan las buenas noches,
donde está lleno de nosotros, de otros,
aparecidos y desaparecidos.

…

Nunca necesité dormir para caer
en el sueño. Ese verano, comimos piedras
y lo concreto
sigue llenando el pensamiento.

…

Aquí es ahí es allí.

Nómades tan entretenidos,
la intemperie no puede explotar.

Los intrusos han derrochado la luz.
Hasta las moscas vuelan dormidas bajo este sol doble.

Claro que siento el peso de tareas que me son obligatorias.
Lo pesado pasa
si tenés la cabeza en un enjambre de insectos.

Abejorros en celo, mariposas, rumorosas,
afiladas cigarras que me desesperan,

mosca de ojos dorados,

el asesinato de la mosca!

A mí no me dicen gaucha,
huérfanabandonadaerrante,
-soy un poco todo eso-
a lo sumo guacha y no sé para ustedes quién soy.
Si india, china, en todo caso de un asia de por aquí.

"Repulsivo plasma étnico", así nomás,

sobre un mar verde, sólido
sembrado de huesos de vaca
que de noche son fosforescentes.

Es la industria del cuero y de la grasa,
lujo de los caranchos,
regalo de los chimangos.

...

SERIE DE BANDA RUMOROSA

EL RECUERDO COMO PALACIO LÍQUIDO
(fragmentos)

(…)

Yo leía a Walser en Marrakech, tres meses antes de ir dos días a Venecia. Pero tal vez en Venecia, cuando no podía pensar, ni leer, todavía algo de mí pensaba en Walser. Como si me lo hubiera comido y algo hubiese quedado en mí. Al volver de Venecia, fue Brodsky el que seguía mirándome: bajo otras pilas desordenadas de libros deseándome a través de sucesivas mudanzas.

Lo que dice Brodsky es que Bacon dijo que la esperanza te da un muy buen desayuno y una cena execrable. Algo terrible leo de su visión de Venecia: "…La gente prefiere su propio melodrama a la arquitectura" o peor: "Se necesitaría una neurosis fuera de lo común o una acumulación extraordinaria de pecados o ambos, para ser presa de una pesadilla en estos lugares. Claro que puede suceder, pero es raro. Para los casos benignos de ambos tipos, una estadía aquí es la mejor de las terapias y es para lo que sirve el turismo una vez sobre el terreno. Se duerme profundamente en esta ciudad, porque los pies están demasiado cansados como para dejar que alguien se ponga a arreglar sus cuentas de torturado o con su mala conciencia."

Qué sorpresa leer que hablaban de mí, de mi anécdota inolvidable. Hubo una presa de una pesadilla, que era yo. Víctima además de la ilusión de haber creído, si no en una terapia, en el efecto benéfico de un paseo extraordinario a dúo. Cuando en realidad fue un duelo amoroso con un combatiente que no asumía ese rol, tomado de sorpresa. ¿Cómo Brodsky podía hablar así de mí, de eso que me cuesta decir "nosotros", como si se tratase, a pesar de la rareza que señala, de algo en el límite, más que de lo habitual, de lo posible?

Hacia el final del libro aparece la moraleja,
quien no la toma la deja.
O tal vez la deje, quien no soporte la queja,
la queja neurótica. Érase una vez...

"Durante todos estos años, durante mis largas temporadas y mis breves pasajes por aquí, pienso haber sido feliz y desgraciado en proporciones más o menos iguales. Eso no tenía importancia, primero, porque no venía aquí con proyectos románticos, sino para trabajar, para terminar un texto o una traducción, para escribir algunos poemas, si la suerte me sonreía. Para ser, simplemente. Entonces, no para una luna de miel (nunca estuve más cerca como hace muchos años en la isla de Ischia, o bien en Siena), ni para un divorcio. Así que yo trabajaba. La felicidad y la tristeza estaban simplemente a mi lado, incluso si a veces se quedaban por más tiempo, como fieles servidores. He llegado a pensar, desde hace tiempo ya, que no hacer toda una historia de la vida emocional es una gran calidad. Siempre hay bastante trabajo que espera, y también bastante gente fuera. En fin, está siempre esta ciudad. Mientras exista, creo que como cualquiera, no podré dejarme hipnotizar o cegar por una tragedia romántica."
J. Brodsky

¿Y no me hablaban estas palabras, anunciándome lo que sucedería seis meses después de mi segunda vuelta por Venecia?:

"Doce horas más tarde, habiendo aterrizado en Nueva York, me encontré sumergido en el peor desastre de mi vida –o al menos así me pareció en esa época. Sin embargo, el gato 7 sobrevivió en mí; sin ese gato ahora me estaría golpeando la cabeza contra las paredes de alguna costosa institución.

30 de agosto de 2007

Para no perdernos

No debí decir aquella frase:
Francisco tenía razón.

Sólo era una persona nerviosa,
por la fuerza de las cosas y por su culpa.

Al terminar solemos hablar en imperfecto.

No sé si tenía principios,
pero tenía nervios.

Habíamos ido a Venecia ocho meses después
de empezar una vida juntos.

No hay mejor escenario para el éxtasis.
Pero no lo había.

Y aunque Brodsky dijo que ningún egoísta
podría brillar ahí porque la porcelana rodeada
de agua le robaría el estrellato, no fue el caso.

Incluso un arquitecto,
puede privilegiar su propio melodrama
a la arquitectura.

Soy lo que miro. Y no lo miré. Caminé corriendo
cruzando los canales, perdiéndonos, con su voz en infinito
siguiéndome.

Y aunque Brodsky decía que incluso la enfermedad
por más grave que fuera no permitiría
ninguna visión infernal en Venecia,
yo la tenía.

Dijo literalmente (¿hablaba de mí?):
Haría falta una neurosis
fuera de lo común o
una acumulación de pecados, o los dos,
para volverse justo
ahí la presa de una pesadilla.

Puede suceder, claro, pero es raro.

Para los casos benignos de ambos tipos
unos días son la mejor de las terapias.
Esa es la utilidad del turismo.

Se duerme profundamente, los pies
están demasiado cansados para ajustar cuentas
con una mente torturada o su mala conciencia.

Pero no fue lo que pasó.

Aunque yo hubiera querido decir
con él: en mi pasaje hubo momentos felices
y tristes por igual y eso no tenía importancia.
La felicidad o la desgracia
andaban por ahí a mi alrededor como fieles
sirvientes.

Pero no podía tampoco quedarme
así, conmigo misma.
Un hombre que había dejado
de resultarme familiar
me interrumpía.

Era una prisionera
tratando de comenzar a huir.

Un hombre, incluso si ha sufrido, puede decir
victorioso: hace tiempo que pienso
que una gran calidad es no hacer toda una historia
de la vida emocional.
Siempre hay bastante trabajo que espera, y también
bastante mundo fuera. Y, por último, Venecia siempre
está ahí. Mientras exista, como cualquier otra persona,
no podría dejarme hipnotizar por una tragedia.

No necesité pronunciar aquella frase:
Francisco tenía razón,
debimos tomar el vaporetto.

Ya no me sentía como antes
animalmente contenta.
Apenas unas horas después del vuelo,
estaba sumergida en el peor lío de mi vida,
el comienzo de una nueva aventura.

Pero los ojos son autónomos y lo lindo
está donde van a posarse.

El sentido de lo bello,
es hermano mellizo del instinto
de supervivencia, dijo Brodsky.

Y agregó :

el amor llega a la velocidad de la luz
y la separación a la velocidad del sonido.

Iba detrás mío y dejarlo ir así,
era dejarlo para siempre.

Él ya había abandonado mi pupila,
aunque tuviera que seguir escuchándolo.

Aquel tiempo mi pensamiento funcionaba
a imagen del agua.

Siendo yo misma líquida,
el agua mejoraba mi porvenir.

TERRAZAS

Camina por las calles medievales del país,
primer exportador de burros.

Escucha la música de las montañas,
que vuelve reversible la mente,

el sintir de tres cuerdas o el watra,
un tipo de laúd, con las flautas chillonas.

Gritan, cantando. Y eso le encanta, mientras
ascienden y descienden discutiendo.

Esos amigos garantizan una economía propia
que los mantiene unidos. *Amigo, entra. Pasa.*

Mira. La música gnawa, mística en su origen
los acompaña. No pueden estar solos. El silencio

apenas existe. Un chico aplaude, baila siguiendo
el canto de Daudi, otras melodías de casamiento

que es el nombre de las fiestas. Y Chaabi,
la música de baile popular.

Tocan violín sobre la pierna y el canto, para los ignorantes
de la lengua, no se diferencia tanto del llamado del muezzín

aunque sea música pagana. Quisiera bailar también entre

los carritos de menta y de naranjas. Una parva de azahar

para vender por la mañana y romper la baraka, la suerte
que desconoce o prefiere ignorar, para vivir al día.

Este día.

Cada vez que los pararon en la calle y respondieron
vamos muy apuraᵼos, les dijeron: *quien se apura ya está muerto.*

Pero si se detenían, sabían que no sería posible
escapar al intercambio, que nunca tiene un precio estipulado.

En las calles de cemento gastado por las pisadas de las babuchas
y de los burros y de las ruedas de los carros y las motocicletas,

es capaz de perderse en la contemplación. Y todas sus necesidades,
y la pérdida pasan a segundo plano.

Perderse entre las cosas que mira, aplicada al detalle más ínfimo.
Todo lo que es útil para quien se encandila por desconocimiento.

Nunca podrá tocar realmente lo que mira.
¿Puede asumir un pequeño rencor hacia la gente y las instituciones

que no tienen en cuenta el humor de quienes desean perderse?
Una tormenta, la lluvia subiendo

y bajando Tala Kebira, la calle principal de la medina,
sería extraordinario. Ojalá tenga la oportunidad de mojarse.

SERIE DE BANDA RUMOROSA

Les dije adiós a las cigarras.
Adiós a los grillos estridentes de Alghero,
Barceloneta
donde los pescadores siguen hablando
el catalán del siglo XIII.

Dejamos el albergue de Fertilia,
los bungalows rosados
por la ruta
encerrada
entre laureles rosas y blancos.

La joya móvil
coupée Alpha
Romeo que alquilamos por 60 euros
cada una,
desciende la cuesta
al mar,
completamente transparente.

Enfrente la mole blanca
y verdosa que guarda
la Gruta de Neptuno.

Ayer estábamos dentro
después de bajar 654 escalones
en los acantilados blancos
que caen abruptos
en la garganta tumultuosa.

La tierra puede ser extravagante
como la imaginación
retorcida
de un creador de efectos especiales.

Esas estalactitas
no parecen reales,
falos de cal y cuarzo,
estalagmitas de pesadilla,
raíces molares extirpadas
y todavía dentro de esas bocas
inmensas.

Lo que envuelve,
lo que penetra.

Tibieza, cavidad rígida
y blanca
inundada
lentamente
por la marea subterránea.

Y por fuera
las paredes abruptas de las calas
enfrentan el agua
chocando violentamente
contra la rigidez.

Entramos hoy
y ayer a Porto Conte,
un golfo redondo,
casi cerrado, como un lago.

Mi disco duro gira
contra mi voluntad,
buscando en los archivos.

El agua tan azul así encerrada
me lleva trece años atrás,
al Futalaufquen
rodeado de bosquecitos de rosa
mosqueta, como aquí las flores
de laurel,
el pantalón de Ilú
enganchado
en el anzuelo de su caña,

enredado todo
él en el sedal,

trabado su padre y yo
en ese dispositivo primario
de carretel.

Se respiraba la felicidad
que no es fija,
sólo su foto,
sólo su huella
en la luz.

(…)

FLOR POR NUBE

El café con un vaso de horchata fresca,
que es dulce,
una leche de fruto,
para volver a la calma.

El tomate se frota contra la tostada,
un chorro de aceite de oliva,
encima la tajada de queso.

Mordí la pila blanda y crujiente.
Muerdo la carne del durazno.

Bajo del tren y retrocedo a pie
hacia la playa de Ocata.
Un kilómetro por la arena,
entre las vías y el mar.

Hombres desnudos,
con el sexo dorándose, un pedazo de pan.
Solo uno de pie secándose,
el miembro perpendicular al torso
apuntando a otros hombres.

Llego a un punto de mi playa
de adopoción, entre el silencio
del vaivén de las cosas
y la risa colectiva.

Repetidos versos de las olas,
el vaivén.

Saco mi libro, mi libreta, mi lápiz,
mi corpiño.
Me zambullo.
Solo estoy aquí,
y en ningún otro lugar.

(…)

FLYSURF

El cielo se platea, tormentoso.
Hoy no tengo tantas ganas de nadar.
De todos modos la costa no está libre.
La llegada de las grandes mareas,
las olas que se hacen respetar,
han cambiado el público del agua.

Los bañistas indolentes, terrestres,
con los pies bien sobre la arena dejaron el lugar
a ejemplares que resbalan,
por tracción a barrilete.
Las alas se inflan
y parten como cristos parados sobre el agua,
sobre las tablas, sujetos
a la barra que los une al viento.

Ahora un murciélago gigante va a oscurecer
la línea invisible que separa la superficie *fluida* del aire
llamado cielo.
No sabés si mirar arriba las marionetas poderosas
o abajo los titiriteros acuáticos,
sus capacidades simultáneas que agotan al espectador:
equilibrio, tracción, sujeción, adhesión, coordinación, atención
a lo que te tira de arriba,
a lo que te hace resbalar por debajo.

Remontamos el camino por las sendas y los pantanos y los cultivadores
de ostras y de papas

hacia el abra.

Un hombre nos llamó desde la puerta
para degustar el pinaud, hecho de mosto y cognac.
Se toma fresco. Hummm…

Hablo de mis sueños con mi amiga poeta.
Estaba en un shopping center. Una mujer
bien vestida, tenía un palo e iba a dármelo por la espalda
cuando yo bajaba las escaleras.

Un hombre también joven la detenía y la increpaba.
Ella desparecía. Él era poeta y editor.

Le cuento mis sueños a mi amiga eslabón.

¿Por qué darle más vueltas al mundo del trabajo?
El sueño me dice que me limite
a hacer el mío.
El hilo con el que busco la salida
es la salida.
Enfilo palabra por palabra, escalas de la mañana.
Entonces me vuelvo resistente. Y puedo
salir para enfrentar el día.

Voy a mantenerme
en buen estado,
para poder coordinar la tracción de arriba
con el deslizamiento por debajo.

Exige una destreza
y el temple con el que nos pintaron
esa noche fundamental
para que suene.

Estamos por llegar a la estrella fortificada
de Vauban que debía proteger a toda la población
en caso de ataques enemigos.

Me detengo en una punta de la estrella
para respirar con el océano que se retira
y en el acto de despojar la tierra
muestra la abundancia
de lo que continúa y vuelve.

LAS LAGARTIJAS ESCUCHABAN DETRÁS DE LAS PIEDRAS

> *... la posibilidad o la necesidad de ser extranjero*
> *y de vivir en el extranjero (...) arte de vivir de*
> *una era moderna, cosmopolitismo en carne viva.*
> *La alienación de mí misma, por más dolorosa que*
> *sea, me procura esa distancia exquisita...*
>
> J. Kristeva. Étrangers à nous-mêmes

Adónde pertenezco? Una página es mi casa,
el lienzo que va a cubrirme,
donde nos enrollamos vivos.

Necesité ser extranjera.
Sí: aquí, ahí, allí, la distancia exquisita.

Pertenecer y no pertenecer
perdiendo para ganar todo lo que me corresponde.

Llegamos a Atenas, a la noche pesada,
a una plaza con un pan redondo
en la mano, enrollado alrededor de carne,
tomates, cebollas, queso blanco,
pepinos y eneldo.

La carne muerta había girado
alrededor de un eje
ensartada.

Como nosotros mismos girando
en los giros sin voluntad de la tierra,
sobre nosotros mismos y alrededor del sol
y de alguien que nos mira
y miramos simultáneamente.

Del puerto de Piraeus el ferry zarpó
a medianoche y pasó bajo una estrella
junto a las Cícladas.

Amorgos era la más oriental, la última.
Amanecía cuando llegamos.
Colinas secas en medio del agua.
Olivos e higueras construyendo
azúcares y aceites para una vida plena.

Es aquí donde vamos a quedarnos.
La habitación es una casita
con su patio y su jardín
y bombones de fruta y faroles escondidos
en los arbustos.

Tan poco llueve que dormimos bajo un agujero
donde un molinete hace entrar al viento.

Sobre las piedras camino, te sigo,
hasta el alivio del agua.
Sumergirme sin frío, sin calor, en el líquido
trompe l'œil, turquesa, verde, donde se filmó
Le grand bleu.

Nadar hasta la pequeña diosa
blanca, prefiriendo un atlante,
un coloso con antiparras que avanza
muy delante mío.

Un señor intenta trepar el monolito
y tocar el mármol de la ninfa.
No lo logra y vuelve a la orilla.
Es muy mayor para montar a una virgen.

Te reís y te veo las aguas encerradas
detrás de la escafandra.

26 de julio

* * *

En la inmensa isla del sí mismo, me digo: no quise
aceptarlo, pero es cierto. Primera desventaja:
ser la extraña. La segunda: pronunciada,
articulada por jurados, comisiones: ser poeta.
No todos los extraños son poetas, pero todo poeta
nada en el agua materna, cruzando tierras extrañas.

* * *

Vuelvo a sentarme detrás tuyo en scooter.
Vamos hacia la punta de la isla. Es al oeste?,

al sur ?
Un chapuzón en esa playa dentro de un bucle de la tierra, roca,
arena en construcción, piedras redondeándose, caracoles en migas.
Volvimos a las ruedas húmedos. Conducías.
Yo sólo tengo que observar la tierra
y el mar,
subiendo los caminos circulares
las terrazas delimitadas por piedras,
tierras secas.
En un pueblo del sur nos detenemos.
Vamos derecho al quincho, bajo las cañas
que interrumpen el cielo.

Para mí un calamar asado, sus tentáculos
su cuerpo enrollado sin órganos,
para vos los buñuelos de flores de zapallo.
Y compartamos la ensalada griega,
con pan mojado en aceite de oliva y el jugo
del tomate, ajíes verdes, cebolla colorada,
aceitunas negras, queso de Amorgos
hermano de la ricotta fresca.
Compartamos también una baglawa y
la cerveza Mythos.
Tomamos Mythos desde el primer día.

Bajemos al « Paraíso », una playita encerrada
entre dos acantilados.
Un rato de promiscuidad estival.
El agua y la arena están llenas de griegos.
Todos panzones con un altavoz natural.

* * *

Tal vez todos estemos
limitados por una figura que nos precede.
Yo también necesité desaparecer,
cuando me fui acercando
a la edad en que desapareció mi padre.

Un deseo inexplicable,
que no apareciera nada
de nada en contratapa.

Y me hice humo.

No quería morir y para eso
tenía que volver a empezar
en otra parte. Ser todavía
protagonista
de un proyecto.
Todo sería posible. Las cosas no estaban
fijas para siempre,
no pasaría por el marco que protegía
mi felicidad
"con los pies por delante".

Para no morir abrí la puerta
y volví a la vida frágil, insegura.

Ahora mismo me vienen
unas palabras sueltas de un poema:
«cuando me acerco a la edad de su fijeza…».
Mi padre dejó de crecer a los cuarenta.

Cuando cumplí los 30
algo en mí
sintió
el límite por venir.
No sobrepasar al padre.
Pero crecí y decrecí,
el animal se soltó en cada accidente,
huyó para que
algo se salvara.

No pienso (escribo),
entonces existo.

Escribo dentro de una cáscara de nuez.
La libertad existe
a condición de no dejarse
ver demasiado.

La libertad de un más acá
donde estoy escondida
con las cigarras, los maghrebíes musulmanes,
judíos, los chinos, mis vecinos negros,
el novio de un cura muerto
y la nieta del inventor de la guillotina.

Levrero dijo que se busca una ciudad o un espacio vital para reconstruirse. Yo no había tenido lugar, no era de ninguno: en Mendoza, "porteña", en la capital, "platense", en La Plata, "menduca". El azar me puso en Belleville y como un protozoario me enclavé en la roca junto a las aguas mezcladas. Mi barrio irreal e inestable, de una rara felicidad omnipresente.

Avanzo más a golpes del azar
como una novela de Levrero o de Aira,
que por secuencias causa-efecto,
como suelen "leerse" las vidas ordenadas.

Plakés, 11 de agosto

Una mariposa blanca rozó las hojas de los arbustos
detrás de los que escribo.
Arrojé granos de azúcar en un ángulo
para distraer a las hormigas,
así dejarán de venir hacia donde me siento.
Porque al desayunar dejás esa lluviecita de oro
tus migas de corteza que misteriosamente
caen cuando mordés el pan con miel, tan goloso.

Vuelvo a entrar en la higuera para vos.
Necesito concentrarme unos segundos.
Así en la penumbra comienzo a descubrirlos

agazapados como yo. Estiro el brazo,
tiendo el arco,
otras veces catapulta,
y doy el zarpazo para descolgar el higo.

Se deja atrapar, pasivo.
Al mismo tiempo, semidesnuda,
soy presa de ataques minúsculos,

rasguños, picaduras, mordeduras
de los hálitos del árbol que salen en su defensa.

11 de agosto, horas + tarde

* * *

De vuelta en casa del Acrópolis.
En el hotel Dryades, pieza catorce
que mira desde atrás al Partenón,
vi de nuevo los nudos en el techo,
los nudos de los troncos, en tablas barnizadas
sobre nosotros dos.

Antes esos ojos nos miraban al nosotros
de entonces. Éramos otros. No eras vos.
Pero qué significan en el vértigo del reencuentro
de los nudos, las tablas diez años después,
frente a los 25 siglos enfrente, sobreviviéndonos?

Por aquella ventana pasaba el almendro
lentamente,
por ésta, el Partenón.

Yo sé también adorar a Dionisos,
a Apolo, a lo que habíamos encerrado con su música
dentro de los troncos,
a lo que vendrá,
en estas piedras que junté, cuarzo
anaranjado por la luz que se cristalizó.

Al nadador que sigue nadando en sueños,
de mármol tibio de luz, agua y aire.

Antes de que llegáramos,
al tomar la pendiente tan brusca
las chicharras llegaban al paroxismo.

21 de agosto

IMPASSE DE
LA BALLENA

UMBRAL

En este libro como en los precedentes, los poemas no están aislados.
(Qu'est-ce qu'il y a dans un nom?)
Mi trabajo cotidiano consiste en contener las huellas de lo percibido
en «cajas de ritmo», «máquinas de gorjear».

* * *

Migrantes anónimos,
fauna del nuevo milenio,
¿se trata del pasado o del porvenir ?

HALL HALLES

BaBelville es la vida en su paroxismo contra la pulsión de muerte.
Un concentrado de cultos superpuestos donde la lucha por la vida
se transforma en celebración. Así, la iglesia protestante china se
encuentra en la manzana frente a la de la sinagoga, al norte,
y la de la mezquita más activa de París, al sur,
más abajo que la otra sinagoga situada frente al parque
donde estaba la antigua casa de Perec. Al subir se pasa
por la capilla católica que un arquitecto que atentó contra
la ética del gusto revistió con azulejos blancos
y minúsculos para darle un aspecto sanitario. Sin embargo,
todos los vecinos encontraron su hogar abajo (antes) del cielo.
Aquí encontraron su paraíso, aquí descubrieron su infierno.

Mientras más se sube, más flamean banderas de ropa,
orgullo de lo propio al viento.

Por todas partes las conversaciones hasta muy tarde de noche en
la vereda, el desarraigo, el trabajo, la falta de trabajo, los rebusques
y los artesanos, los artistas que ocupan los talleres de los viejos
fabricantes en cuero, de corsets con ballenas de donde viene
el nombre del Impasse. Un célebre dibujante de afiches,
visibles en los teatros de toda Francia y en los túneles del metro
–lo llamaré Polifemo– ocupa uno de esos talleres,
frente al viejo soplador de jeringas.

ESTACIÓN DE TRABAJO

Alguien había dicho: *aquí hay demasiado extranjero.*
Extranjera también.
Volví aquí después de cada alejamiento, ese aspecto gato,
sin brújula y sin acordarme del trayecto ni del camino, ahí donde
mi mesa se levantaba, como un deseo realizado y portátil:
apoyada sobre una fachada, alguien había dejado una superficie
vítrea color agua volcánica. En un sótano encontré dos caballetes, ex
árboles que habían crecido al borde de un lago al pie de un volcán.

¡Aquí está mi mesa de trabajo !

… Desplacemos continuamente nuestra mesa sobre la tierra para com-
prender hacia dónde y cómo avanzamos: es así como el pensamiento
—solitario y espléndido— desaparecerá sílaba por sílaba.

Aquí
se opera públicamente y en lenguas visibles la traición al sentido común:
en ningún otro lugar del mundo llegaríamos a desadherir tanto.

Novarina

HASTA LAS ALTURAS DE BABELVILLE

Atravesamos la manzana por el pasaje
de la Fundición hasta la calle
y metros más abajo
dimos con el cul de sac.
Al fondo y escondido, descubrimos
el edificio que fue
de doradores de porcelana. Por la noche
nos metimos hasta las luces
bajo el reloj. Y vimos
a los arquitectos que trabajan
para Nouvel hasta la madrugada.

Subí la callecita Sainte-Marthe,
incrustando los tacos entre los adoquines,
llegué a la plaza
adonde se mudó Christo,
tanto le dije: aquí
hay un centro del multi-verso.

Cuando me escapé de la prisión
él me dejó vivir en ese espacio irregular.
En el cuarto piso después de una escalera
de madera y hierro, donde ves tu vida
hacia
       abajo
             arriba.
         y
Fuman narguile

enfrente, éxotas,
parece una esquina de Alger.

Una escultura móvil
con aura blanca y celeste,
el tuareg en la plaza
vende sus joyas de plata.
Por un instante
es la bandera de mi país.
Él y yo, nómades cruzándonos,
a unos centímetros, sin que los mundos
indecisos se intercepten.
Art is a guaranty of sanity, dice Louise.
Art kept me out of jail, agrega Ian.

23, RUE VILIN
Peluquería para damas, remix

Durante mucho tiempo
seguiré indeciso
cargando recuerdos sin fondo
desde el futuro.

Vivíamos en la callecita Vilin.
Hasta hace un año la casa de mis padres
y la de mis abuelos estaban casi intactas.
Vivía también allí mi tía Fanny.

¡La calle tenía pavimento de madera!
Creo
que volví a pasar siendo todavía chico
y jugué un rato en la vereda.

Fueron casitas de dos pisos que daban
a un patio más bien sórdido.
Teníamos dos piezas, me parece.

Mi primera foto es del bulevar,
n°47. Estoy en brazos de mi madre.
Nuestras sienes se tocan.
Su pelo castaño levantado por delante
y bucles en la nuca.
Sus ojos son más oscuros
que los míos. Mamá sonríe
y se le ven los dientes, seguramente
a pedido. No era su risa habitual.

De todos los recuerdos que me faltan
el que más me gustaría tener: mamá
peinándome,
haciéndome ese bucle de chico bueno.

Los recuerdos son pedazos de vida
arrancados al vacío. Ninguna cronología
salvo la reconstruida de manera arbitraria.
Durante mucho tiempo busqué las huellas
de mi historia. No encontré nada. A veces
me parecía que había soñado, que solo
había tenido una pesadilla inolvidable.

Georges

"SOY EL LUGAR DONDE SE PIENSA Y SIENTE"

Dicen que el ágora se localiza
ahora en el cyberespacio.

¡Queremos ver nuestro espacio
público en 3D!

Como al tomar las línea de fuga
de donde estábamos próximos
pedaleando parecía
enseguida campo, parecía
el curso de agua, un río.

Y la fábrica vacía, un astillero,
pintado de todos los colores
por los chicos de la zona.

Espontáneamente la gente
se sienta todavía donde puede
con una botella de vino.

Los especialistas localizan
en los planos de la ciudad
los intersticios
para incrustar un espacio
por otro tipo de beneficio
inmediato, un cartel incluso en el cielo.
Como si nos hubieran encerrado.

Nos encontramos
dentro de un ascensor que parece
 baja
y no termina de llegar al suelo.
Parece
detenido.
Nos quedamos encerrados
dentro de una empresa que manejan
otras empresas tercerizadas.

«Somos una marca»

¡ja ja ja!

MARCA DE AGUA

El cielo mismo
se parece tanto
a Truman Show.

El mundo es indirecto

y al mismo tiempo se
achicó. Hoy, para quejarme
de la velocidad
de la navegación, llamé
al operador y me quedé
charlando con un chico en Rabat.
Su barrio me gustaba mucho, dijo. Después
hablamos de la temperatura del mar allá.

MI NARANJA SANGUÍNEA

Debí trepar la verja
y saltar.

Magnifique,
dijo un vecino que me prestó
el hombro como punto de apoyo.

Salí con cualquier pretexto
para dar una vuelta por el barrio,
crucé la calle de la Presentación
y vos al fin te desvestías.
Después atravesé la Julio Verne
y vi al fondo los reflejos verdes
sobre los vidrios abombados
que reflejaban el sol de la tarde,
la proximidad de mi casa,
lo fantástico.

Llevaba en mi bolso frutillas,
tomates diminutos imitándolas y
naranjas sanguíneas.
El día era perfecto.
África por la mañana,
casi China, pero estamos en Francia.

Junto a la sinagoga, el tunecino
ponía las mesas en la vereda.

La gente sin trabajo
ya tomaba
sol en las terrazas.

Les pegaban los rayos.
La resiliencia parece una red
tejida con esos hilos que van fijando
la vitamina D
que une los espacios en microscópicas
redecillas aún para que no te caigas ni para
afuera ni para adentro
y seas capaz de saltar.
Como un gato,
con tu estructura de calcio.

Salté para ver justo delante la pareja
salida de una película de los años sesenta, ella
con ray-ban y un pañuelo beige en la cabeza.

Perpendiculares
les salen al paso tres mujeres con el mismo acento
y pelucas de plástico que cubren el pelo verdadero,
en lugar de velos. Eso vi.

SUPERPOSICIÓN DE BARRIOS

Un panadero entró con gran impulso.
Está por llover. Como cada vez
que se anuncia el agua con calor,
viene tu infancia,
las campanillas a punto de estallar,
violadas por los abejorros,
sus cables electrizando el pasto,
tu llegada dormido
en medio de los ladridos de los perros
del barrio.
Mientras tu padre trabaja o ya tuesta
tus panes, quitándome ese gusto
de escucharte primero.
Ahora el panadero va perdiendo
impulso, pero flota todavía
suspendido
descendiendo
y roza la foto de la adolescente
que lee
apoyada en un ánfora gigante
con un perro dormido a los pies
y el pelo cortado como un hombre
en mi ciudad natal. No conozco
ese patio. ¿Qué lee? No me contesta.
Es mi madre. Yo todavía
no nazco.

APRENDER UNA LENGUA MATERNA

Entraste al aula,
la clase iba a empezar,
eras vos la profesora de español.

Y viste al indio, sin un gesto.
La cara más dura en inocencia,
jamás vista.

Habla con él, dijiste
a su compañero de banco.

-¿Para qué estudiar castellano?

-Para poder hablar con mi madre.

Escribir en una lengua que no sea materna.

La que se olvida,
volver a aprenderla.

¿Fuiste hasta el fondo del idioma
que tu madre
habló hasta por los codos?

¿Podés perder la lengua de tu hijo
que aprendió con tu voz?

Pero como un preludio.
Pero como una fuga.

¿En qué van a hablar cuando se vean?

Cuando él las repetía y
ahora mismo, al usarlas,
cada una se vuelve
una palabra poderosa
y hermética,
como un imán.

Tan hermosa.

Extraña.

Distinta.
Vive de manera diferente,

en otro lugar.
Ser extranjera
como tu lengua,
la del indio
que se olvidó
de cómo hablarla.

LA PARTIDA DE LOS ARTESANOS

Los días empezaron a crecer de nuevo.

El jueves fui a dejar un par de botas.
Faltan dos días para Navidad y él:
sin falta el lunes, eh! No deje de venir,
es el último día.
¿El último antes de las vacaciones?
No, el último. Cierro.
Hace meses que no cierran los números.
En abril tuve el último salario,
mil doscientos euros. Ochocientos
el alquiler. Así que me voy a la banlieue,
voy a volver
a ser obrero de un patrón. Mi mujer gana bien
y habla tres lenguas, es italiana.
Ayer trabajó hasta las cuatro y media.
Nos peleamos. Me gritó:
"me tendría que haber ido a Canadá".
Cuando se recibió tenía la opción y yo me impuse:
si me querés quedate.

Ayer a la noche le dije ya pasó un mes
de la última vez. (Imitó los gestos de rechazo.)
Me enojo fácilmente. Me encerré,
puse dos sillas contra la puerta.
Pero a las cuatro me levanté y la vi trabajando.
Le caí encima. Ella gritó "¡estás loco!".
Sí, loco por vos. Después se durmió

y la desperté con un café.
¿Ya es la hora?, me preguntó.

La sonrisa es un rictus. A las cuatro
Franck deja su taller de Ménilmontant.
Sus ojos brilantes hoy están semi-apagados.
Me devuelve las botas con sus collages por dentro,
los talones de caucho que adaptó como orfebre.
Hoy no ando bien. Le pregunto por los dos pies
de acero del ampliador de hormas. Dejo todo.
Nunca voy a abrir de nuevo.
Soy artesano, pero vuelvo a ser obrero. Ayer
domingo fuimos al bosque de Montmorency.
Olía a podrido. Sacó su teléfono y me mostró
la foto de un jabalí muerto sobre las hojas secas.
Detrás veía a una nena con un abrigo rosa.
El jabalí pudriéndose sobre las hojas fósiles.
Por favor, llévese el cuadro, digo. Tiene razón.
Un zapatero al óleo que trabaja,
una luz ambarina, algo constructivista.
Lo pintó mi primera mujer, lástima.

CORDONNERIE en los vidrios blancos
sobre las puertas del taller de madera
donde nos despedimos.

Usted tampoco
tiene mucho trabajo, bueno, adiós.
Y después de tantos años oí de nuevo
seules les montagnes ne se retrouvent pas,

mientras me alejaba.

IMPASSE

Por primera vez volví
al vientre de la ballena.

En el borde del canal encontré al hombre que
prendía la lámpara.

El señor Mektoub me habló suavemente para
que no tuviera miedo.

Desplegó un folleto con nombres de las dos orillas
e ideas de futuro.

Las ideas negras del último día de octubre, de pronto
escamparon y sonreí.

Nos dimos un baño de neutrinos, sentados frente
al canal.

Le dije: una se diría en Venecia. Salvo que del otro lado
del agua

no hay un palazzo, sino la Dirección del Trabajo que
me trajo aquí.

El charlaba suave y sonreía con los ojos y hacíamos planes
sin conocernos.

No tenía nada que ver con un encuentro amoroso pero
lo era

en cierto modo y diferido. Con una posibilidad entre cien
podía confiar

como Houdini, de nuevo preparar el escape a los pueblos unidos
por alegría y desesperación.

LA ISLA FOSFORESCENTE

O de cómo
corrió la voz poética

Comedia en un acto
(fragmentos)

MÁS FUERTE, APUNTADOR ESCONDIDO

Desplegar todo lo que hay envuelto en una vida.

De entrada. Exterior. Día,
las vacas, el tractor, el olor
de sus tortillas de pasto.

Una manifestación hacíamos,
un gran barullo,
cada una con su cencerro.

En masa, perdíamos el miedo.

Ellos se hicieron a un lado contra los choclos
para vernos pasar con miedo o admiración.

I

Arriba, desde la sombra que le daba la piedra
podía ver la excavación de un cementerio.

La arqueóloga clasificaba restos de vasijas
bajo una sombrilla entre las tumbas.
Eso sucedía en un baldío. Parecía
una chica cobrando la entrada del parking.

Un rey había sido
enterrado con sirvientes y joyas
en ese mismo terreno. El dueño
de la pensión se ve obligado por el gobierno
en bancarrota a pagar la excavación.

Los viajeros cargan el scooter como un burro.
Atraviesan colinas
camino al sur, lavandas, laureles,
pendientes de olivos en ronda.

Saludan otra vez a las vacas.

Y tocamos los movimientos
con cencerros como una banda municipal.

Esos dos dejaron los cascos.
Y anduvieron por una ruta de tierra
solitaria, para llegar a la bahía.

Rocas agresivas y erizos por debajo.
Comieron tomates con queso familiar
en el cabo furioso.

Pudieron sumergirse
en una playa de guijarros abrasados
abrazados y frescos.

Las cigarras no pararon de afilar y a veces
entre las matas los asaltaron los tábanos.

Las patas negras de las letras avanzan desde la izquierda.
El ferry avanza hacia la isleta.

Abre la boca inmensa y escupe
en la propia orilla del mar desolado

la gran Ola de los Arribistas.

LA TIZA DE POE

DE QUÉ RÍO REFUSO

qué cauce alternativo,
pantanal tenebroso,
Aqueronte refuso

La tempestad cubre el mundo y toda la realidad.
Se traga el auditorio e incluso a los que traman
espectáculos.
Próspero tal vez no previó nada
y el libro de magia se lo llevó la corriente.

Qué asco la lujuria de lo grandioso.
Sólo podía hablar de pequeñas cosas.

Y sin embargo llegó tarde la noticia de la tormenta.
Y tuvo un miedo gigante.

Esa lluvia de cuatro años en sola una noche.

Después vino el recuento de lo perdido.
Tu hijo está vivo. Pueden nomás ir a trabajar.
Hace siete horas se conectó al libro de las caras.

Esa de la señora flotando en la piscina improvisada
dentro mismo de su casa, no se la va a olvidar.

Ni a la madre que sacó a todos de la casita,
uno en la espalda, dos en cada brazo y
el bebé sujeto por delante.

Al salir a flote se dio cuenta,
el de pecho se perdió en la corriente
que ella nunca volverá a cruzar.

El negocio del amigo quedó cubierto,
las máquinas y las ropas resistentes, todas perdidas.
Es la ganancia del barro. El ya no duerme, desentierra,
esquiva los restos del temporal.

¿Un triste aniversario, día feriado, tu compañero de trabajo
bajo plátanos, tilos o naranjos pedaleaba cuando el agua
lo llevó a un paradero de limo?

No hay comienzo ni fin, pero hay repetición y gobernantes
que visitan el día después de la gran inundación
las veredas cubiertas de basura y colchones anegados.
Hasta las ranas y los escarabajos, las cucarachas milenarias
se habrán ahogado con las campanillas
barridas con una pluma de carancho sobre el Arroyo del Gato.
Ladran los perros guardianes por el fin de la propiedad.

Nadie sabe cuántos paraguayos
desaparecieron de su propia vida, invisibles
para siempre del resto,
como lo fueron antes.

La tempestad misma envuelta en cuero, llegó en harapos
porque mucho antes el agua de La Plata la había castigado.

Un tomo blando regalo de un ser querido a otro.
Cada uno con su catástrofe a destiempo.

Mi padre le regaló la tempestad a mi madre.

Escuchen un poco más. La biblioteca fue un reino
enorme y hubiera sido pecado dudar
de la honradez de mi abuela.

Mi padre hizo llover
lágrimas y un nene definitivo nos sonrió
y salvó de la tormenta.

¿Cómo decir del agua que es dulce? ¿Cómo ganar
la orilla?

Esas lecciones me sacaron
buena parte de la frivolidad.
Ya que debí crecer
en el hueco de un tilo,
me acostumbré
a ser invisible.

Visibilidad, comunicación, mitos barrosos.
¡Monstruos y catástrofes,
muéstrense bien! Sin siquiera la gracia
de la cresta de una ola.
(Hokusai se vuelve pincel cuando surfea.)

Monstruitos, viendo todo no ven
cómo libera la reserva. Distraídos
por la repetición en el reflejo, no vieron
las piedritas ni el musgo ay
del pasaje, ni la savia ni la hormiga

en el hueco del tilo.

Una muela de leche guardada
en un alhajero se salvó.

¿Qué ves? La suela dura y chata
de una alpargata seca, colchones destripados,
restos de sillas y maderas podridas.
Los aparatos de la conexión
incomunicados para siempre y las huellas
biodegradables de los habitantes invisibles.

Casilla y cartón. Terrón de barro.

Terror del paradero inconcluso.
Todo está cambiando
de lugar. ¿Y sin embargo qué ves?

¡Enjambres!
No son abejas, ni moscardones. Ni las moscas
de la mierda de tan real
tan alegórica.

Son chicas y chicos en escuadrillas aleatorias
que organizan el desentierro residual.
Limpian el porvenir
frágil sin embargo.

Estás viendo a tu hijo! Delegado del barrio.
Pero tus hijos no son tus hijos, sino hijos e hijas

del amor y de las catástrofes
- y de la mutación.

Revoloteos luminosos entre el paco y el barro.
Campanillas fosforescentes salen de un tacho.
Se viene otra tormenta.
La oigo cantar en el viento. Daré una vuelta
para calmar la agitación. Aquí no desaparecieron
las luciérnagas.
Cric cric cric cric cric cric cric
Grillos y ranas me alegrarán.

¿Cómo están ahora? ¿Quién era tu compañero? ¿Cuántos años?
Si no pueden, no me digan nada. Lo que pude leer y escuchar dejó
filtrar apenas un resto de limo ya seco sobre un diario de ayer.

Corriente, pariente del arroyo, de la cloaca, de qué río,
qué cauces te buscaste en la vereda? Yo no estaba ahí.
Oía las voces que me llegaban hasta aquí. Aquí, que tampoco
existía, la recepción a mitad de camino, suspendida.
Era corriente? Sí, en Corrientes... Te dio corriente?
Correntada! de qué río refuso, adónde iba?
En Mendoza es más fácil darse cuenta.
El deshielo carga el río y los zanjones rebalsan,
el agua « atormentada » se lleva todo. El terremoto
sacude y traga. La gente convive con el suspenso
como en los alrededores de un volcán.

Pero La Plata fue privada de orillas y montañas.
A cambio, pájaros y cigarras.

« Hay mil anécdotas terribles que trato de filtrar, por la psicosis
que genera semejante desastre.
Esta noche se pronostica lluvia...imaginate.
Este compañero iba en bici la noche de la tragedia
y se lo llevó la corriente. Profunda tristeza. »

¿Cómo te diste cuenta?
¿Una gota cayó en una cuchara y te despertó?
¿Acaso gritos en medio del sueño te llamaron
sin conocerte ?
-Lo supe al otro día, cuando salí a la calle.
La mía es la mas alta del barrio.
Un poco mas allá los desagües estaban saturados,
las cloacas desbordaban. Mucho se dijo
sobre quién se dio cuenta, quién no.
Desagotaba su casa, se ponía a salvar
muebles cuando de pronto pensó
¿alguien estará en peligro?

La boca de tormenta, la gárgola
horizontal y callejera
¿vomitaba o tragaba?

Me acuerdo bien. La lluvia tan querida
en el desierto, en Tolosa y Ringuelet no podía ser feliz.

¿Adónde fueron tu compañero en bici y las nenas
que raptó la corriente? Pudieron gritar
en castellano, en guaraní revueltas
en una sopa de barro

espesa como la pobreza? Imaginen,
era feriado. Si hubiera sido un día hábil, la
cantidad de gente por la calle.
No hay barrio que no haya sido afectado.

Hay barro.

Han desaparecido de una manera extraña.

Esas figuras, esos gestos,
sin el auxilio de la palabra
forman un lenguaje mudo.

Miren, miren directamente.
No hay moluscos en estos charcos.
Pero se van cubriendo de unas redes de araña
que sobrevuelan teros y benteveos.

Oigan, ...parece el chasquido de una pala.

Después de destilar su aniversario de guerra
vuelve el sol alegremente
y las partículas de los rayos
se amotinan en cada agujero.

2 de abril

LA COLECCIÓN DE PIEDRAS DE ROGER CAILLOIS EN LA BIENAL DE VENECIA

Junto con ellas, el cuento que él se contaba sobre ellas,
el de una escritura inscrita en ellas de una sintaxis misteriosa.

Ellos estaban celosos de la mía,
un pedazo de tiza dentro de una cajita,

como Caillois del secreto de la semilla saltarina. No importa
lo que tenga dentro, sino su movimiento mágico que motiva
el ensueño decía Breton. Pero Caillois quería cortarla como un chico
para descubrir el misterio de su inquietud.

Y tenía razón, dentro vivía una larva que la sacudía
cuando sentía calor. Con paciencia se puede llegar
a ver el gusano abandonando su casa.

El punch maravilloso de Breton no existía. Pero sí las investigaciones
líricas de Caillois-Caillou. Investigación y poesía van juntas para toda
experiencia sobre la tierra, incluso sobre y debajo de ella.
La red de los sueños es la misma red del conocimiento.

Y es mentira que todo en la naturaleza sea razón y necesidad.
Abundancia, juego, derroche y ebriedad y hasta deseo puro
de gustar y decorar como dice en La escritura de las piedras,
de su sintaxis críptica que completan los poetas.
Piedras que reflejan la importancia del cielo
o guardan agua como el ágata que Caillois quería
descubrir sabiendo que el agua guardada

solo era un recuerdo imaginario de nadie.
Como una vida, se puede evaporar en un segundo, después
del encierro de tanto tiempo, por la más mínima fisura.
Sólo la inmensa presión la mantuvo líquida.
Por eso te fascina el cuarzo,
esa fuerza perdida del padre. Si hubiera sido
cristal de roca, no hubiera podido fugarse,
meteorito consumido por su propia caída.
Pasajero decepcionado,
encerrado
en el espacio abierto. Todavía
soy la intrusa estupefacta.

ALGUIEN VA A ACOMPAÑARME A LA FRONTERA

No soy nadie más.
Acaso una gitana
que se olvidó

de cómo se robaban las gallinas.

¡A levantar campamento!

O los llevaban a los campos
(elíseos, sólo para ellos,
de pocas fotos por la superstición
acerca de la triste memoria,
las experiencias sombrías).

Las cabinas telefónicas son ocupadas.
Hay 400 villas miseria dentro del país,
múltiplo de los 40 campos solo aquí
destinados a la *gente viajera.*

Expulsión, dispersión.
Antes fueron los nómades deportados.

Una mujer con un pañuelo en la cabeza
da cucharadas de yogurt a un chico
en el asiento
como si fuera el comedor de su casa.

A lo largo de la autopista, suelen jugar
chicos librados a la errancia
heredada y a la errancia obligada.

En el desierto industrial, cartón, tablas
y pilas de hierro levantan el campamento.
Como antes los campos "de internación".
El de Alliers fue el último
en desaparecer, casi dos años
después de la liberación.

Nómades antes de la expulsión.
Antes vimos la foto de los "Nómades
a punto de ser deportados".

Los cables, los interiores, el cobre,
fragmentos del país rico
que la reventa hace llegar al país en desarrollo.
Y la chatarra y el desguace.
El reciclaje y el tratamiento de la basura,
el basural. Los carros tirados por un pobre caballo.
Los coches viejos oxidándose en menos de una década,
mientras el pueblo flotante camina hace mil años.

Las ruinas de las industrias se vuelven campo.
La basura, una mina. Nómades malentretenidos,
la historia vuelve a empezar.
Y lo que primero fue gallina,
en realidad es huevo. Nómades por desalojo.

Esas horribles casuchas. Vagos, mendigos,
robachicos.
Chavales choreando la lengua
un poco negros, caló? Si fuera rubia,
pensarían que soy robada.

Y un chacal y otro, cortando y
pegando, la van a llamar "ángel raptado".

De los restos del día,
juntó las palabras usadas
como de una casa de ropa gastada
para vestirse mejor.

¿Si me vieras en el metro,
adivinarías quién soy?

UN SILENCIO ES MUY INTENSO

Siempre volvemos, después de un año
o diez. El orden, la "decoración" y los dueños
de casa cambian según la temporada.

Ahora vi el atril que hizo su abuelo con
cajoncito para los útiles de lectura.

Vi el atril sobre la mesa chica donde
estaba mi cama, la cama donde dormía
antes, cerca del genio del aire.
Y la tempestad no se desencadenaba.
Un rincón sin penitencia.
Un atril con su presencia. Los artículos
sobre la madera o libros sostenidos
junto al silencio.
Un gato vecino pasaba por la ventana
y se quedaba. Yo parecía visita.
Se necesitan varios días para residir
de nuevo dentro. Ni tiempo para preparar
un plato, una torta, un turrón, ir juntos
a desenterrar papas.
Se hacía adulto y disponía la madera
y disponía todo. Me puse después a decorar
un pollo. Ramas de romero bajo las alas,
romero contra las patas, orégano y cebollas.
Parecía una instalación, un ikebana.
Era todo lo que podía realizar de pie
de visita en nuestra casa. Las brasas, las brasas

estuvieron fuera y me pegaba
a ellas para seguir charlando bajo las estrellas.
El molino había perdido la cabeza.
Casi no fumamos juntos. Jorge no roncó.
Alguien se había llevado las sábanas.

LA TRANSPARENCIA

Aplaudió frotándose de paso
los ojos facetados.

Soñé que tenía guardado
a Jeff Goldblum en una botella verde
para poder observar sus ojos
dorados. O para que sus ojos
me miraran.

Observaba su libre albedrío,
la desesperación sin salida,
sus instantes de reflexión,

la fantasía de la fuga.

Cada vez me sentía más cerca
de sus múltiples facetas
doradas.

Esa contemplación me hizo muy mal.

La veía volar multiplicada,
mosca que se posaba,
maquinar.

Me volvía liviana
ansiosa
        ávida.

Me volaba.

Y entré en tu boca
y te dije: dame
                la lengua.

            Y entonces
                tosiste y me
                            catapultaste.

LA APUNTADORA SOPLA ESCONDIDA

Me encanta oler a humo,
volver a oír
a mi abuelo diciendo
"ni loco besaría
a una mujer que fuma".

La hermana de tu amiga
pasa por la calle de abajo
frente al baldío. Las montañas se recortan
azules en el fondo.
Antes la tierra seca cortada por la calle
de donde bajas del troley
y caminás hasta el monoblock.

Son varios metros y alguien te podría
de hecho un hombre baja detrás tuyo
te sigue, te mete la mano entre las piernas
desde atrás
como si fuera la cabeza de una víbora.

Lo hace diciendo palabras que te olvidaste
y se va. Solo te rozó sin más.

La hermana de tu amiga pasa con tu blazer
azul entallado con que debías ir a la escuela
mañana.

Mi amiga hizo saltar el candado

de mi placard de vuelta.
Vas a pegarle cuando la veas, patadas en el culo.
Tirarle el pelo
para que deje de ser mala.

Se llevó el cassette con la voz de tu padre.
Lo borró para grabar otra cosa
encima. Ya no tenemos nada de papá.

En el cassette papá nos hablaba, cantaba,
tal vez silbara. Nos extrañaba
en Buenos Aires.

Me acuerdo que volvió de un congreso
y quiso besarme
y yo le dije que no lo reconocía.

Mi amiga se hizo tomar una foto
con las piernas abiertas, bien abiertas
como si fuera a parir. Pero no está
embarazada. Tendrá 15 años y
de los lados de la bombacha
le salen arañas.

Mi abuela se asoma y abre de pronto
la carpa y ahí está mi amiga
con mi compañero de teatro.
Mi abuela se pone a gritar
y sale corriendo
en sentido contrario.

Mi papá volvió de la guardia
y me pidió la muñeca de trapo.
Mi papá quería dársela
a una nena que iba a morir.

Mi papá se murió
un sábado o un domingo.

Se cayó y se calló.
Iba por un desfiladero.
Habría una tormenta de nieve
o mucho viento y se desbarrancó
allá en un abismo. Su deseo
realizado de entrar
en la clandestinidad.

Tenía veinticinco años
el compañero que subía con él.
Ahora sé que no iban encordados.
Que el chico bajó para buscarlo
y no pudo acceder,
se murió congelado.
Esto lo supe el año pasado. No antes.
No durante treinta años.

Por entonces para mí no era un chico
aquel hombre de cara redonda.
Estaba ya casado. Y durante la búsqueda
oí que quiso tener hijos.

Parecía Penélope mi madre, pero no
tenía tiempo de tejer. Y la prueba
era simple: soportar a todos esas nenas
y su hermano menor.

Ganó el que escribió sobre chicos
que se dormían congelados,
sacrificados por sus padres
caciques. Yo leía las pesquisas
del hombre que reemplazó a mi padre
cuando me escapé.

Spokenwords al unísono:
El 25 de mayo nació
un caballo, levantó la cola
y le salió un zapallo
Febo asoma, punto y coma, los zapatos
de tu abuelo son de goma y los míos
son de acero...
En el cielo las estrellas, en el campo
las espinas y en el centro de mi pecho
una lata de sardinas...

Todo venía de la educación patriótica
que se trasladó al tango Volver
con la frente marchita y la verga chiquita
de tanto cojer con jota.

Muchas chicas nos ponemos
a fotografiar las flores del maestro Gérard

abrazadas a los yuyos
coronados con floraciones
peinadas y de arrabal.

Los chicos
se desarrollan en muchas
direcciones y tiempos imprevisibles.

Hace catorce días la casa
        se cerró.
                Pero después
se abrió, se abrió, se abrió
                y yo no estaba.

SUEÑO DE TRADUCCIÓN

Qué trazas que dejaron los trazos
de tiza con la que tropezaste,
desastrosa. Y los trocitos
que tiraste qué traviesa y después.

Me preparo para recibirte!
Tiza que me atraviesa las tripas.
Trip que traducir.

Rastros de caolín, rostros
detrás de trastos
de tan alegres travesías.
Con el traje que te trajo no podías travestirte.
Te atragantó.
A trabajar para vivir
atravesaste tropos, trópicos separando
la tiza del trigo, tu trastienda sin venta.

Cae como un cantito en el río,
o chirria, cuando atraviesa la noche
del Atlántico, pizarra negra.
Así cruza, montada en la tiza en trance.

CORRIENTES

Nuestro Virgilio de los mandarinos
se hizo llamar Perro al principio.

Le lamía la cuchilla sobre la bombacha.
Los ojos de tiernos rojos vivos.

Pidió permiso para que pudiéramos
llevarnos muchas muchas mandarinas
que arranqué mal, abriéndolas.
Tan pero tan dulces, abandonadas.

Por los surcos rojos, donde Madariaga
soñó y tomó tomó tomó muchos caminos
y durmió como mínimo en tres ranchos
distintos. Uno incendiado,
otro dejado al abandono junto al estero,
muy aislado y a merced de los cazadores
de yacarés y carpinchos.
¿Y si se los encontraba dentro con media
damajuana encima?
Los tiros al aire fueron para asustar.

Solo quedaron estos ladrillos verdes
y rojos por dentro. Frescos, con patitas
escondidas dentro de un agujero.

¿Se quiere llevar uno como recuerdo?
- ¡Son muy pesados !

Porque no son ladrillos huecos,
esta tierra cocida roja y fosforescente.

Once días atrás seguíamos sus pasos.

La mañana siguiente del instante
en que nos reflejó la cuchilla por el rayo
que atravesó las flores de un lapacho
junto a la casa del Perro.

Era la sombra.
Y después al sol
todos fuimos iguales al arrancar las mandarinas.

Usó la hoja para pelar
y escupió directamente los hollejos.

Nos había esperado en la orilla
del camino que llevaba a muchos lugares
y a su casa.
Todo vestido de blanco, hasta el palito
del chupetín que tenía
en la boca, sin una gota
de alcohol,
endomingado, un lunes.

Un cuchillero con chupetín.
Después debió disimular el brillo
porque la hoja ya no se vio.

¿Cómo sabía que los restos
del rancho quedaron por aquí?
Acompañé a mi tío, dijo.
"Una vez".

¿Sabías que Francisco escribía?

No, nada sabía.

ENTREVISTA

a Roxana Páez

por Mario Nosotti

— ¿Te ubicás dentro de alguna tradición? ¿Cuál es tu relación con la llamada poesía de los noventa en Argentina?, el momento en el que empezaste a publicar. Si pudieses elegirla ¿cuál sería tu genealogía?

Seamos Vallejo. Seámoslo siempre. Eso dice un cartel que vi desde el ómnibus de la ruta que iba por el borde del mar de Lima a Caral. Un mensaje en el cielo.

Vallejo es nuestra capital, el cruce cultural de nuestra patria castellana. Y ahí, cuando el poema ladra o ruge, como con el verdadero ladrido de un perro que todavía no viste en un pueblo desconocido, te aquerenciás. Y volvés atrás. Volvés a leerlo.

Mi mamá tenía *Trilce* en la biblioteca. Un objeto suspendido y extraño al alcance de la mano. No me acuerdo de haber hablado con ella de él. De chicas, nos repetía estribillos de Nicolás Guillén o de los *Cuentos ‹e la Mamá Vieja*. Un día le llevé la parte que tenía del libro descosido a Arturo Carrera que tenía la otra parte. Entonces, muchos años después, él me preguntó si quería volver a tener ese libro. Y me guió hasta una librería de viejo en una galería en donde había aparecido uno idéntico forrado con papel de seda. Y lo compré. La extrañeza y el humor siempre se incrustaron en la cadena genética de mi lengua. Digo mi lengua, porque aquí donde vivo me la preservo de alguna manera, fuera de casa y del movimiento y sus transformaciones cotidianas, hasta que empieza a ser una lengua irreal, tal vez, retenida como un sueño vivo con el que se puede componer.

Mi mamá me regaló también el número 1 del *Diario ‹e Poesía*. Tuve mucha suerte porque ahí descubrí a poetas increíbles, voces contemporáneas, traducciones. Los que hacían la revista conformaban un grupo muy heterogéneo, algunos de ellos buenos poetas. Daniel García Helder, que integraba su comité, coordinó varios años un taller con Arturo Carrera. Tomé la decisión de ir a confrontar lo que hacía a Buenos Aires, los miércoles. Ese dúo fue muy importante. Completamente diferentes y al mismo tiempo juntos eran el contrapunto perfecto para escuchar lo que sucedía y había sucedido. Con ellos descubrí la precisión, una especie de rigurosidad del "oficio de poeta". Su misma diferencia era un aprendizaje o una lección. La supuesta tensión nacida la década anterior entre neobarrocos y objetivistas, gracias a su conjunción en el taller, quedaba totalmente relativizada. Había una generosidad en la trasmisión y una pasión común. Uno u otro se levantaba para buscar un libro en la biblioteca de Arturo y sugerir una lectura en la línea de tal o cual integrante. Eso nos daba de comer (en un sentido diferente que a ellos).

Todavía esos días están presentes sin que me dé cuenta. El año pasado grabé "la voz" de una poetisa griega que habla a un hombre joven para el podcast de Ezequiel Zaidenwerg, Orden de Traslado (que descubrí gracias a tu invitación para leer colectivamente meses antes). Quise interpretar ese poema en los noventa (en el sentido que esa palabra tiene en la música): después de la entrega simbólica de un premio que recibí, uno de cuyos jurados era Víctor Redondo, le dije a él que quería grabarlo. Último Reino publicaba CD's (¿o serían cassettes?). Había descubierto la traducción de "Sonata del claro de luna" de Yannis Ritsos a través de la traducción de Juan L. Ortiz publicada por *Diario de Poesía*. Eso me quedó en algún rincón de la mente y al final lo grabé el año pasado con una amiga griega. Mi deseo persistió como si el tiempo se hubiera comprimido en un archivo zip y lo hubiera conservado intacto. Sin embargo, la escritura siguió moviéndose, revoloteando curiosa de sus propias metamorfosis y las de la lengua de la tribu. Muchas amistades y diálogos continúan con poetas que me tocaron por suerte como compañeras en la primera mitad de los noventa, con quienes proyectamos las primeras publicaciones de nuestros poemas, plaquetas individuales que editamos conjuntamente, y que han seguido publicando por vías muy singulares y organizando proyectos colectivos. Por ejemplo, las antologías increíbles, entre otras, de *La infancia del procedimiento* y *El infinito viajar* de Selva Dipasquale, con la co-artífice Rita Kratsman, ambas poetas muy singulares y completamente diferentes.

Vivo con mis contemporáneos, los leo. Son tantas, tantos poetas que no los puedo nombrar. Sobre todo del siglo xx y el xxi. Es cierto que la poesía que experimenta sigue invadiendo mesas, estantes, banquitos de mi casa, cuando hubo una búsqueda singular y no mimética, sacudones, seísmos en las vías convencionales, aunque esas experimentaciones sean asordinadas y no se presenten siempre como tales, sino que lo que arrancaron de la lengua fue más sutil que cualquier demostración y se captó en la continuidad. Poetas de Argentina, de América (y no solo hispanohablante, y no solo anglosajona) y de todos los otros continentes. ¿La emigración me empujó a una gran "dispersión" geográfica, a una libertad caótica para la voracidad lectora? A lo mejor… Pero no estoy segura.

Es raro. Toda la poesía que me anima, los poetas que me animan se sitúan sincrónicamente en mi presente. Mis amigos desconocidos, empezando por Safo y Heráclito. No hay diacronía cuando entablo un diálogo, aunque la historia en la que están inmersos me hable rotundamente. Y digo el siglo XX desde lo que Kristeva llamó la vanguardia del XIX. Amo el siglo y el continente en los que nací. Pero no en la corriente letrada del prestigio literario y canónico, etc., sino la del linaje dinámico y rizomático que dio aquel rock de Rimbaud contra lo "académico –más muerto que un fósil". Creo que además "lo culto" y "de culto" se cruzó en mi espacio dinámico (de la hoja, del silencio) con la música. El feeling de la música negra a través del rythm and blues gracias a las hijas de pastores que dieron toda la vibración y el trance a las estrellas. Es gracioso, soy también hija de Pastor (así se llamaba mi padre). Como Alejandra Pizarnik, ser cantante de blues, más bien de rythm and blues en mi caso. Y aunque Hendrix, Joplin habían muerto cuando yo los descubría, al vivir en La Plata tuve la suerte de escuchar en el mismo concierto a Los Redondos y Sumo. Por eso, creo, por ejemplo, que cito a Zelarayán pasado por Sumo. Pero también están presentes Cage y otros compositores de ruidos y de música electrónica, compositores argentinos, además de la música gnawa, etíope, el blues del desierto. Creo que la libertad de un aullido (implosivo) o el chasquido de una cuerda o de una guitarra rota me viene de ahí, del feeling de las coristas hijas de pastor. Un feeling sin religión, transgenérico, como el de Liliana Herrero. Esa no conformidad de la juventud de mis padres, mi plancton.

En mi último libro (inédito) hay un poema caligráfico hecho por la cercanía entre nombres propios, como si fueran "marcas" ¿de agua? Es una casualidad que el poema del que hablo se haga con tres nombres propios simplemente: antonia pozzi, alejandra pizarnik, alfonsina storni. Pero podría haberme cruzado en el poema con Pasolini y Ponce (Liliana). Son figuras de poetas y poéticas muy importantes para mí. Éticas de la escritura además de escrituras raras y fascinantes, siendo tan diferentes entre sí. Los designo arbitrariamente o porque los citás en el prólogo. Otras Pés: perlongher, pessoa, ponge, plath, parra (pero cuál, ¿Nicanor o Violeta?), plant. A veces juego con mi abecedario de poetas: mis poetas AC (carrera, carson, calveyra, caeiro y campos –si "aroldo" se escribiera así). Si se invierte, *CA* da césar aira. Sus ensayos y el devenir de la narración, su funambulismo, son muy importantes. Y sus versos… Algunas veces encontré versos en sus novelas y los expuse como *objets trouvés*. En minúscula ahora porque son las letras de mi alfabeto. Y de cada una colgarían tres o cuatro poetas pendientes, *ijes*. Por su manera de haber dicho: rosa (guimarães), rosenberg, ritsos. Pero si te fijás, no hay "influjo", ni reflujo. Verdaderas redes poéticas no sustentadas en algoritmos, sino en algunos ritmos mentales, que se combinan por el azar de las lecturas que los ponen a dialogar entre sí, de acuerdo a la secuencia azarosa en la que cada lector/a trama una red inconsciente. Esas tramas integran además, voces anónimas, testimonios, volantes, noticias, crónicas, ensayos, frases caídas de una pintura o de la réplica de una película.

— Hablanos de tu experiencia de vivir en el extranjero, de la
vida entre lenguas y culturas, de tu trabajo como traductora
–incluso de algunos libros propios– y de cómo afecta todo eso
a tu escritura.

Leo y escribo en argentina. En argentina, quiero decir en mi len-
gua, en mi mundo de voces que es portátil, se desterritorializa y se
reterritorializa en argentina con otras voces oídas en el camino, a
veces jugando con *objets trouvés* de otra lengua traduciéndolos literal-
mente porque en argentina serán juguetes nuevos: así en los títulos
Serie de banda rumorosa o *Donde la liebre y el zorro se dan las buenas
noches* o en el verso *no ordenaste tu pena*.

la poesía es más portátil que un pendrive,
siendo también memoria flash de almacenamiento,
o más bien de acontecimiento de la lengua vivida
como materna
isla que se besa
con otras lenguas extrañas.

Yo me mudé con mi biblioteca de poesía, de poesía argentina,
de América en castellano y para pagarme los envíos de cajas y cajas
vendí los libros traducidos, que eran el ochenta por ciento. Fueron
las vigas de mis construcciones, lo que me apuntala la lengua como
los retornos al pago, además de otro libro *in progress* para siempre
inédito, *El libro de la casualidad*, un diario arbitrario de once tomos
(archivos) y 3200 páginas a un espacio. Hace muy poco tiempo me
di cuenta que ese vampirismo que ejercía ese tipo de formato abierto
cumplía la función de las escalas, de mantenimiento.

Empecé a traducir por los mediados de mes (ni siquiera los fines) y para aprender francés. Esa inmersión me hizo nadar en ambas lenguas, la materna y la adoptiva, entrenándome para aprender y desaprender con la levedad caradura de la primera juventud. Porque si miro a los autores que traduje en los noventa puedo decir que fue como entrar en el acelerador de partículas en plena infancia. Cuando me preguntan cuántos libros escribí no cuento las traducciones que fueron laburos inmensos pre-internet, como la de Duchamp o la de Klossowski, la inédita de Méschonnic, ni mis propias traducciones hechas con otras poetas o releídas, reescritas, nuevos partos con otra materia mucho más dura y difícil. En realidad, son nuevos libros. Cuando recibí una nueva versión de la traducción de *Impasse ,e la ballena*, tuve que consagrar sin darme cuenta las vacaciones a las notas, que en una tanda fueron 200. Por ejemplo, hace muy poco, al decirme el editor francés que publicaría *Impasse ,e la ballena* en edición bilingüe casi a último momento sin que eso viniera de un pedido mío, por la extensión del libro, me puse a considerar esos textos frente a frente y quité 15 páginas en castellano, porque al releerlo ya liberada del imperativo de registro etnográfico de lo que desaparecía, varios poemas, aunque sumaban enumeraciones, voces distintas, no eran imprescindibles y me parecían incluso redundantes. De manera que el libro tuvo 30 páginas menos. Así fue como al trabajar en "el espejo" diagramado para su publicación del *Diario ,e la china*, la editora se enojó cuando descubrió al recibir las últimas correcciones que los textos ya no coincidían. Le expliqué por teléfono que siendo la autora no había podido evitar las modificaciones del texto en castellano a medida que lo leía y que podía prescindir de algunos versos que hubieran sido evidencias en Argentina. Entonces me pidió que explicara eso en una nota advertencia que precede los poemas. Esa edición bilingüe ya no fue "en espejo", sino sucesiva.

Pasaron bastante años hasta que me llegó la traducción del título *Fogata de ramitas y huesos*. Algo tan simple era intraducible, ya que no hay equivalente de "fogata" en francés: "fuego" es el de Jack London, la hornalla, el encendedor y hasta el semáforo. Un día se me apareció solo como un cartel *Brindilles à sa flambée* (a su vez intraducible pero que aproximadamente se acercaría literalmente a algo así como "ramitas a su fuego" o "para su fuego"). Geneviève Huttin hizo a partir de esa formulación un ensayo que asoció además al barroco y que fue el prefacio de la edición bilingüe. Una cosa extraña con respecto a tu pregunta en la entrevista es "el olvido" de la lengua originaria en *Diario de la china* y el bilingüismo. Con el tiempo casi me olvidé que lo había escrito mayoritariamente en francés, como un chiste relacionado con nuestra educación patriótica y al mismo tiempo poema algo pedagógico porque lo "escucharían" extraños, extranjeros. Iba a leerlo en la inauguración de una exposición colectiva de pintores argentinos que me habían invitado a una galería, ex squat de la rue de Rivoli, para el bicentenario de la Revolución de Mayo. No tenía tiempo de escribir a pedido y después traducir, así que me mandé en francés pero había partes en castellano. La china se puso a cantar fluido. Su "diario", el poema, fue abriéndose camino fácilmente con ella que me llevó de la mano que escribía.

— **Tus libros nunca fueron colecciones de poemas sino más bien proyectos conceptuales ¿Cómo se dan? ¿Podrías caracterizar algunos de ellos?**

Me parece que ningún libro es un poemario. Pero también que cada poema es libre y autónomo. Siempre se me dan en asociación… Aparece el título como un cartel en la mente (tal vez por algo que voy escribiendo y encuentra "su casa" de repente). Sigue todo un período en el que habrá poemas, textos que se encaminan a esa casa. El título queda indeleble… y funciona como el nombre de un preparado en un frasco que tendrá efectos aleatorios. Ese tipo de libro existe desde siempre. Me gustan cuando quedan suspendidos, legibles, disfrutables por su levedad.

Gran distracción animada: me acuerdo que esos poemas se unieron como "baladas", por un tono lírico-narrativo como impostado, dramatizado y anacrónico, sin embargo hay alguna que está basada en un artículo de un diario, un asesinato de la cana. Poemas con "máscara", voces de personajes.

Las vegas del porvenir: lo presentó Mirta Rosenberg en Corrientes, donde Delfina Muschietti coordinaba La voz del erizo. El título vino de un sueño con "vegas", un tipo de terreno, de suelo. De pronto la experiencia de la escritura dibujó un porvenir. Los poemas están en la misma onda que la *plaquette* anterior.

La indecisión: es un título pop, como si fuera de historieta, de Susy o secretos del corazón. Una escritura premonitoria de un corte. El corte ya aparece en el título. Después los poemas serán más narrativos y menos herméticos.

Fogata de ramitas y huesos recoge la experiencia de la escritura como combustión, duelo y "concretización" dinámica del tiempo gastado, del gasto del tiempo, el lujo de los poetas. Esta primera casa de humo tiene su origen creo en el poema con el título "El suelo sigue bajando y el cielo sigue subiendo" (que es un verso de Zelarayán): ¿Por qué si "vamos de nuestro cenit a nuestro nadir", como dice Huidobro, la gravedad no atrae rápidamente la ceniza? Claro que la combustión concierne a varios planos del libro, tinta incluida.
Serie de banda rumorosa: recopilo esas falsas "crónicas de viaje" en el sentido de que no hay descripciones ni loas al espacio. El título me dio mucha felicidad. Lo leí en italiano varias veces por las rutas de

Cerdeña en carteles que anunciaban los lomos de burro. Inmediatamente me lo apropié para traducirlo literalmente sin saber italiano, justamente, porque esa "traducción" fue como una definición de la poesía que me cayó de arriba, perfecta.

Impasse de la baleine: más que Jonás la ballena de la adaptación de Disney de *Pinocho* con esa casa refugio que el personaje encuentra después de ser deglutido. Creo que había una mesa y una vela, y ese refugio es el espacio de la escritura. El cuarto propio móvil y provisorio que fueron muchos, siempre en el mismo barrio, donde me sentí antena que captaba las lenguas de Babel, de las migraciones con historias no contadas, esos vecinos con historias desconocidas ultra densas, intensas, la gentrificación, lo que acogió y expulsa… etc. Es más, en un momento quise hacer un taller en una librería muy buena del barrio para que la gente escribiera su experiencia de cómo había llegado hasta aquí para ganarse la vida. La composición duró muchos años: de 2003 a 2015, primero, y después tuvo muchos retoques entre 2015 y 2018, y nuevas modificaciones en 2022 cuando salió la versión bilingüe. Ahora me doy cuenta también de uno de los orígenes de ese cometido que viví como una obligación de dar cuenta: obviamente, las migraciones. Encontré el observatorio privilegiado sincrónica y diacrónicamente de las migraciones. En nuestro inconsciente colectivo está esa combinación de desarraigo de ancestros venidos "del más allá" de América y la desaparición de nuestros pueblos originarios como tales, muertos y/o erradicados de sus lugares, de su cultura y de su lengua. Aquí también los "nómades arraigados" como en cualquier ciudad gentrificada del mundo "deben desaparecer". Pero además desaparecieron en las razzias más densas cientos de chicos y de adultos durante la ocupación. El gobierno los entregaba a los alemanes, algo que se negó a hacer Marruecos con sus ciudadanos judíos. Esas placas de triste memoria en las escuelas tienen un eco en los nativos del país de más de 30.000 desaparecidos. Los mismos padres de Perec desaparecieron en los campos. Y los campos gitanos… Ellos siguen siendo perseguidos y se busca erradicarlos. Y más lejos en el tiempo los fusilamientos de las comuneras, los comuneros. Y nuestros años setenta. El azar me mandó a un barrio mirador, pero si bien es una colina, todos estamos a la misma distancia entre suelo y cielo. Poesía crónica de migrante y de migrantes, no versos escritos en una torre leídos con voz altisonante. En este instante soy consciente de que *Impasse de la ballena*, impasse de la *struggle for life*, fundamenta implícitamente lo que sentí los primeros años del milenio. Para mí, Francia o París nunca fueron las de los escritores de los dos siglos anteriores. Desde el primer día París fue un observatorio del mundo a ras del suelo. Un observatorio del estado actual de las cosas visible por las distintas vías y motivos de las migraciones.

La Tiza de Poe: Hay como una exasperación autobiográfica, pero en realidad la voz, la máscara se pregunta por el origen de la escritura, la propia mitología sobre cómo se descubre esa veta… una lectura arqueológica… Con un chiste, como riéndome de mí misma en el título, que contiene la palabra "poetiza". Y está ese poema "Intento de traducción", que se me ocurrió pensando cómo podría hacer para escribir en castellano un poema que me salió en francés, "TraVer*See*" y que es imposible de traducir. La traducción es otro poema, hecho con el mismo procedimiento. Pero las palabras son otras y otra la extensión. Una recreación en el sentido de Haroldo de Campos, una máquina repensada. "TraVerSee" sin embargo tiene un sujeto colectivo y la travesía es no solo la de balsas y barcos precarios, sino también la de las lenguas. "Intento de traducción", en cambio, parte de una voz individual.

La isla fosforescente: agotada de haber sometido mi escritura también a factores externos, a una poesía antropológica donde también registraba mis efectos migratorios, este texto me llegó como una liberación después de haber oído y mirado tan obsesivamente. Las visiones son más bien interiores aunque haya imágenes que pueden ser griegas o del altiplano desde la Isla del Sol. La voz poética muta y descansa del género (el humano y la voz poética antropomórfica, jajajaja). Por eso empieza con el punto de vista de la cabra, hay *flash-backs* y una tensión panteísta y suavemente dionisíaca por la metamorfosis. También la burla del rol de "poetiza", papel asignado al género por *gen∕er*, palabra desprestigiada: cabra, loca, la loca de la casa, la imaginación, etc. (poeta, mujer). Y en ese desprestigio aparece la empatía con el burro, uno de los animales más fotogénicos que existen. Es como un teatro mental. La isla fosforesce en la mente y yo necesitaba aislarme después de captar tantas ondas durante años. Acabo de ver hace tres días *E O* de Skowlimosky. Creo que él leyó *La isla fosforescente* (risas) y se forzó con las tomas para dar la subjetividad del burrito, en realidad, varios burros que tienen el mismo papel.

Como referentes reales hay varias islas, por ejemplo, las ruinas arqueológicas de un cementerio donde los reyes fueron enterrados con sus esclavos fueron encontradas en un parking de Naxos. Cuando llegás por agua, además, tenés el templo de Dionisos al aire libre "de entrada", antes mismo de que el ferry amarre. Pero desde la Isla del Sol, rodeada por el agua que no te deja ver otras orillas, con los templos de piedras, sus burros y sus cabras, se tiene la misma impresión. El mundo rural, básico, igual a sí mismo desde hace miles de años, con esa "nostalgia" y "admiración" que despierta, en realidad es el mundo de las églogas y del Siglo de Oro. Lo bucólico real está en la poesía o en lo que leemos, o más que en lo que leemos en la posibilidad que tenemos de encontrar nuestro espacio idílico en el libro, en los que leemos, en los que escribimos (aunque no tengan nada de idílico).

Diario ‹e la china: Un grupo de pintores argentinos iba a realizar una muestra en una galería que había sido una casa tomada. Christian Prunello hacía una residencia. Claudia Haber tuvo la idea de invitarme para que me uniera a ellos en esa muestra asociada al Bicentenario (2010). Nos pusimos de acuerdo con Vicente Grondona. El hizo el día de la lectura un mural efímero con carbón asociado al poema mientras la hija de Martín Reyna escribía con tiza en un pizarrón los versos que le habían gustado que yo le había pedido que subrayara previamente. Las dos teníamos ponchos rojos. La invitación me hizo pensar enseguida en nuestra educación patriótica y los actos de la escuela. Pero para escribir usé la máscara de la china, cuyo arquetipo nacional es la china sin voz ni voto del Martín Fierro. Una china que decide arreglárselas sola para ser libre. Solitaria, casi invisible, contemporánea.

— **Además de poeta sos traductora y ensayista ¿Cómo conviven esas otras formas de escritura?**

1) Por los excesos de velocidad del pensamiento.

2) Por la crítica ejercida desde chica sinvergüenza, en el diario de la ciudad y en *Babel* y en *El Cronista* y después en distintas revistas. Hasta llegar al gran ensayo de mi tesis muchos años después de los ensayos sobre las novelas de Puig.

3) Por los filósofos poetas que leí y me comí incluso sin entenderlos porque eso siempre me fascinó, el lenguaje que me decía algo pero llegándome por otra vía que la razón consciente, a través de la lógica encadenada del discurso.

Hay un instante en el umbral del éxtasis en que las palabras te dicen algo que no habías descubierto y asistís a esa revelación –relativa y parcial, efímera– no perseguida, no buscada expresamente, que es similar. Es para mí el mismo mecanismo en la poesía y en el ensayo. Sigue una encrucijada, donde la palabra con objeto sigue su causa con esta muleta, el objeto que nos convoca, o, si se trata de un poema, se libra a "cadenas libres", valga la redundancia, sin la muleta del "objeto", una montaña rusa que se aparta del circuito cerrado, vértigo, viaje en paracaídas. Pero no hablo del surrealismo ni de la escritura automática. Mientras se sigue avanzando en el campo de la inteligencia artificial, en poesía esa expresión puede sonar como un oxímoron, porque el poema, sin que sea su objetivo, explora una caja negra por otras vías, exploración que conduce la lengua con copiloto, este se llama "su límite". En ambos casos, el del ensayo y el poema, se trata del cerebro mágico (y no del pensamiento mágico, ni del realismo ídem). Ni en el poema ni en el ensayo existen las conclusiones, ni la revelación de verdades inmutables. Sólo el acercamiento de una atención flotante a la atención (de poeta o lectores) puesta en lo que apenas enunciado en su límite dentro de las limitaciones de la lengua, desaparece dejando la estela. La estela es el poema. No leemos dos veces el mismo poema. Mutamos ambos.

Me descubrí ensayista por casualidad. Un profesor de una nueva camada había formado un grupo de estudio. Al cabo de unos meses cada integrante presentó un artículo y él destacó dos (eran sobre *Respiración artificial* de Piglia, publicado varios años antes). Este, dijo, es un modelo de ensayo. Este otro (dijo refiriéndose al de una compañera y amiga) es un modelo de *paper*.

En el ensayo y el poema es la escritura la que piensa, la que "me revela" algo en el caso del ensayo, la que revela y se rebela en el del poema. En el ensayo sigo los excesos de velocidad del pensamiento que son las intuiciones, como dijo Virilio. En el poema, mi mano sigue como fiel dactilógrafa unos dictados que no son de la moda, sino de modos de descubrir un sendero desconocido. El sendero mismo es el poema. Yo solo puedo tomar mínimas decisiones sin saber lo que voy a encontrar.

— **Hay en muchos de tus libros un trabajo de etnógrafa. Los viajes te han hecho una diestra observadora de costumbres, particularidades, historias de vida ¿de dónde viene ese interés? ¿qué lo motiva? O también ¿qué compensa?**

El acceso a la alteridad. Captar las voces, los chasquidos de la lengua, la forma de caminar, los puntos en común sin jerarquía, en la vereda y los mercados y los transportes públicos, los factores comunes que nos unen a poco que nos observemos: una lengua no materna con la que se intercambian mensajes, un punto geográfico al que llegamos en distintos momentos históricos, en distintos siglos, y todos con una historia accidentada, que vuelve a contar la de las migraciones humanas, algunas más terribles que otras, ninguna vida corriente porque hubo un apartamiento del sendero convenido. Conservo lo personal con estos *samplers*, se incrustaron y se volvieron fluidos con distintas densidades que conforman ese flujo de lo que vi oyendo –hoy yendo– y que vino a habitar la lengua materna extrañada. Una y otra vez se trata de Alicia, pasar del otro lado. El espejo puede ser el mar "como un vasto cristal azogado" u otros supuestos límites.

Agrego que, para mí, ese estar saliendo una y otra vez del "campamento base" tiene que ver con el éxtasis de la lengua. Por eso se da en este barrio hospitalario donde vivo, donde "todos son otros", nosotras mismas somos otros. La lengua lame toda esa diferencia sin poder captar realmente dónde se sitúa el Otro, y sin embargo estando y siendo con esa otredad.

Hay un pasaje en *Poéticas ᵣel espacio argentino,* que titulé "Leído en un paisaje". Muchos poemas de Juanele nombran lecturas en el espacio cantado. El rol del turista como cabeza de ganado, aislado además del territorio por el que camina por la banderola o los auriculares que le puso el guía del tour, es lo más alejado de lo que sería hacer la fotosíntesis en otro territorio. Una de las facetas más apasionantes junto con la de inmiscuirse, curiosear y escuchar como se pueda al Otro, que pueden ser también los animales, comiéndoselo aun si son humanos, es la de confrontar esos amigos disímiles, autores libros que se llevan arbitrariamente, con los espacios (habitados) diferentes en que nos disponemos a su lectura, a través de los otros.

Viajar es leer…

Yo me voy a otro lado a leer, a escribir. A leer un libro, al Otro, no que le lea un libro sino que se abra, que nos abramos al leernos con todos los malentendidos del caso porque la "traducción" es un teléfono descompuesto. Así que la ingenuidad la perdemos en ese sentido pero igualmente estamos descubriendo lo que ya existe, imperfectamente, un campo minado de sorpresas, incluso las de nuestras reacciones, como la de sentarse a escribir, impredecible.

Es un modo de conocimiento alternativo que se da por añadidura y obviamente no por paternalismo. La poesía como ciertos poetas etnólogos al indagar en el borde de la lengua hace que ésta revele. Hay otras antenas que se desarrollan contra el lenguaje de la comunicación preformateado y hasta preescrito (los algoritmos nos cambian los mensajes). En el poema ha habido captaciones particulares. Muchos poetas son etnólogos en ciertos momentos, pero por inmersión. Guimarães Rosa, Arguedas, Leiris, Jerome Rothenberg. Pero por mi parte son Guimarães, Perlongher los que me llevan lejos, ahora que lo pienso. De nuevo con éste el éxtasis y el trance, un viaje vertiginoso e inmóvil como el de las brujas rumanas.

El nomadismo es la deriva por esas lecturas del mundo, en la que se incluye la deriva presente durante la que vas agregando otras trayectorias, es decir, senderitos.

Más que el pleonasmo del "viaje interior", leer y escribir en otro lugar intensifican la experiencia de las distintas formas de derivar por la escritura, por la escritura de la vida también. Suspenden más que ninguna otra cosa, o acaso como una lectura intensa, esa línea imaginaria divisoria entre el exterior y el interior. Todo lo que escribo me tatúa como un viaje. Pero el viaje es el libro nuevo.

En ese salto al otro desconocido está la materialidad de la letra o del trazo, del dibujo. El de los petroglifos, a los que accedí por el segundo marido de mi mamá, que era arqueólogo. Una vez lo acompañamos a él y a la momia incaica del Aconcagua que había rescatado, de Mendoza a Chile, cruzando los Andes, porque en Santiago tenían la cámara de frío adecuada. Algunos versos fueron hechos a partir del *objet trouvé* de mi padrastro arqueólogo: un librito de divulgación donde explicó ese rescate paralelamente a sus trabajos científicos. El cuerpo de un chico estaba envuelto en varias capas y una de ellas era una tela donde habían insertado cientos de plumas, acomodadas de acuerdo a sus colores. Nunca tuve tanto frío como en ese viaje, cuando el chico iba a perder todos los envoltorios. Además, varias veces fuimos a la montaña y acompañamos a mi padrastro en la caminata hacia los petroglifos. Pero la materialidad de la escritura tuvo otro comienzo, con las hojas de caligrafía en las que aplicaba las letras que me enseñaba mi abuelo. Todo es muy extraño en una genealogía. Ahora no puedo preguntar a nadie por qué, si su madre era directora de escuela, mi abuelo paterno solo hizo la escuela primaria. Mi abuelo materno heredó una pluma de oro. Mi papá y mi padrastro tenían un libro en común: *La historia empieza en Sumer*. Mi abuela materna se independizó a los 16 años para estudiar Historia. Mi abuela paterna inventó un método para enseñar a leer y escribir. ¿Cómo sería?

— **¿Sos muy auto consciente de tus procedimientos? Es decir, ¿tu trabajo con la forma es más bien intuitivo o tiene algo de programático? Y como deriva marginal de eso, ¿de qué modo se entrama tu historia personal en los poemas? Pienso en *Madre ciruelo*, en el poema sobre la inundación en La Plata que aparece en *La tiza de Poe*, en tus viajes.**

Lo que se da en mi caso es la evitación (más que la levitación). Se desarrollan ciertos reflejos para no hacer esto o aquello, como en bicicleta, nunca un programa previo determinado de lo que quiero hacer. Sin conclusiones. ¿Cómo se puede concluir? Esta palabra no aparece en mi repertorio.

Pienso en uno de los libros más autobiográficos. Las palabras taxativas y secas en alguna parte de *Madre Ciruelo* fueron parte de ese otro duelo terrible: ante la muerte de mi madre, lógicamente, me puse a pensar y a calcular la fecha de mi muerte y cuántos años me quedaban para ver a mi hijo, responderle, conversar con él. Mis padres murieron jóvenes, como todas las mujeres del lado materno. Pero esa angustia es sobre todo la del desfasaje del amor entre los padres o las madres y los hijos (esas "locas madres" de Heberto Helder). Sin embargo, "Renacer de las cenizas como joya de la familia" contiene una publicidad suiza que me reapropié. El cuerpo del ser querido perdido si no está desaparecido puede ser comprimido en un diamante producido artificialmente. ¿Quién no lleva sus diamantes? Aquí la crítica de la sociedad de consumo queda sumergida en el pop y el rock. Fue la primera vez que hice un poema como nota al pie que rompe con la idea del final definitivo (del poema, de los restos) y con el pathos del poema principal, al dar instrucciones cómicas de transformación. El capitalismo te vende hasta la madre. Pero entre líneas está la cuestión de la condensación. A la tierra le lleva millones de años, en cambio, un poema puede caer de repente en unos minutos aunque algunos se tomen unos meses para desarrollarse. Pienso en "23, Rue Vilin. Peluquería para damas, Remix". Este poema lo hice de la siguiente manera: saqué de un estante *W ou le Souvenir d'enfance* de Perec y de las frases que había subrayado hacía años la primera vez que lo leí, fui traduciendo las que más me gustaban. Esa obsesión por retener los lugares y hacer constar cada modificación del espacio obedece, pese al aspecto de auto-consigna limitativa o imposible, al trauma de la desaparición. Es solo un torpe ejemplo para tratar de explicar cómo se combina lo autobiográfico, en esos colores raros que consigue una paleta, aunque en mi caso me doy cuenta que el collage u otras modalidades igualmente antiguas se combinan: restos y brochazos, pintura con tenedor sumergido en lavandina. Piedra, papel y tijera. Carcajada en sordina, risitas. En plena pandemia, obligados al encierro, nos metimos por una apertura fabricada por algunos chicos o adultos que no tenían donde dormir, en el parque que está detrás de casa. De repente me encontré después de años no en un continuo, sino desprovista de hilo, con una libreta. Como una pianista sin teclado. Inmediatamente algo decidió que empezara a escribir en mayúsculas las palabras que irrumpían en la vida cotidiana repitiéndose hasta saturar su posibilidad significante sin que entendiéramos qué estaba pasando. Las escribí verticales para observarlas: PANDEMIA, HEROÍNAS DEL HOSPITAL, EUTANASIA, CONFINAMIENTO, OCIO FORZADO. De cada una extraje el poema que había decidido germinar a partir de esas palabras saturadas. "De qué río refuso" también combina lo público y lo privado, las voces oídas, los testimonios, la biblioteca inundada en otro episodio, la biblioteca familiar y otras tempestades, como la de Shakespeare, que da un contrapunto para suspender el pathos de la tragedia de la que estaba tan lejos como cerca. Tengo unos autorretratos hechos a partir de listas con designaciones del material utilizado para unas obras plásticas. A veces el "procedimiento" me llega tan inmediatamente como una orden que aplico. Soy la montajista y la asistente de producción que debe concretar de la forma más eficaz posible esos designios. Tengo un papel subalterno. Pero no al servicio de "lo irracional", sino de un sistema muy complejo que no sabemos realmente cómo funciona pero que podemos emplear sin que todos nuestros comandos sean ejecuciones de nuestras órdenes. Nuestra conciencia es limitadísima, distraída y llena de interrupciones con respecto a la gran caja negra que es también sistema de comunicación de otra manera que nuestros instrumentos tecnológicos.

En los giros que va dando la poesía que me sale, hay uno autobiográfico en *La Tiza de Poe*, donde algunos poemas observan la genealogía de la escritura y las construcciones o concreciones (en el sentido geológico) que se han vuelto visibles, por primera vez. Como una mirada retrospectiva. Pero creo también que lo autobiográfico es una manera de leer el género. Como un fantasma se pega la imagen de la poeta, desde Safo, a la voz en primera, segunda o tercera persona de los poemas. Un ejemplo, en los primeros libros los nombres de lugares, creo que servían para provocar un extrañamiento... No eran reales, son experiencias inventadas: Estocolmo (en mi primer libro), Popocatéptl (*Fogata de ramitas y huesos*), igual que la figura materna que ahúma y fuma como una chamana. Mi mamá no fumaba.

— ¿Creés que tu poesía fue cambiando a lo largo de los años? ¿Qué relación tenés con el imperativo (casi un lugar común) de "encontrar una voz"?

Jamás tuve ese imperativo. Voy acogiendo voces trasplantándolas y volviéndolas a plantar junto a otros yuyos. Cultivar adrede una pretendida voz se me aparece como un culto a la personalidad, a una máscara, una marca. Cuando escribo se da el presente puro. Cuando escribo me ausento. Así que, no. Venimos de Vallejo, devenimos Pessoa, una persona (máscara) suelta voces diferentes, incluida la propia, distorsionada.

Para la lectura-performance de *Diario e la china*, recibí algo de la embajada por única vez: fotocopias. La gente podía leer, hojear el poema inédito fotocopiado. Una señora mayor entró, lo leyó y dijo: es un texto feminista. Todo eso que ahora es evidente era orgánico e inconsciente. Pero esa china también es una máscara. Ahora me acuerdo que mi primer libro desapareció, un cuaderno después tipeado… en la gran mudanza seguramente… Se llamaba Mente de Pablo. La voz era masculina. Algún fragmento quedó en mi primer libro o en *Gran istracción animaa*, la primera publicación, en *plaquette*. Ahora que lo pienso, cuando no era autora todavía, ya había esa intención o impulso hacia el álbum. Con el tiempo se pone más de manifiesto la incorporación de otras voces, lo que rompe con la identificación de sujeto autora y voz del poema, incluso si muchos libros son autobiográficos. Esa cuestión, esa voz determinada y condenada (si la autora es mujer cuando el participio es femenino o lo femenino se impone en el pronombre) a ser la de la autora, me acosa desde siempre. Por eso en esos poemas la escritura va desarrollándose en voces imaginarias u oídas, desdoblamientos, como los de la misma escritura autobiográfica. Metamorfosis, mutaciones.

En 2016 hice una residencia de escritura, en francés. Así empecé *Etu*e *pour le bonheur* e *vivre.* Esa narración fragmentaria va generando poemas y voces. El subtítulo es La poeta y su trabajo, donde me apropié del título de una compilación argentina genial de los noventa de textos escritos por poetas sobre su escritura. Los dos carriles de ese libro inédito son el de la *struggle for life* y el de la bofetada, la afirmación en la pérdida, es decir la ganancia en el gasto, la exploración y el *sccrable* que te quitan de la autopista, aunque sea por el salto y la caída después de un accidente o los accidentes. ¿Estás inanimada? De todos modos, siempre tenés "una gran distracción animada" (Pessoa) y de ella estamos hechas, aunque llamarla "distracción" sea un guiño, claro, al mismo tiempo es una forma de estar en el mundo. Tal vez tanto trabajo durante aquella residencia que resolvió mi solvencia durante diez meses gracias a la escritura en francés, haya servido para la explosión del *sampler.* En vez de definirse, la voz es muchas, como la que genera mi garganta (me di cuenta al oír los audios que envío) o un distorsionador de voz/vos creativo y no monótono robótico aburrido. Ese libro es posterior a *Impasse* e *la ballena* (aunque volví a éste después mientras esperaba la edición y siguió transformándose). La voz va cambiando de cuerpo en *La isla fosforescente* no solo por metamorfosis, sino que se inicia con una indicación de guión que viene de no se sabe dónde. La voz no tiene "correlato objetivo". La Otra o el Otro del yo va cambiando constantemente sin que lo haya programado conscientemente. Así mientras pienso en esa forma de fluir de las palabras veo la conexión con el otro libro inédito que estuve haciendo los últimos dos años, ajustando la composición los últimos meses hasta ponerle un pretendido punto final en agosto: *Campo libro y encierro.* Aquí juego el papel de una curadora que compila sus voces, una especie de implosión que necesita una coordinación, a la manera de todas esas publicaciones que salieron durante la pandemia, pero al revés. Desde 2016 con el *Etu⋅e* lo transgenérico me atacó con libros inviables en el sentido en que no se someten a una convención de género necesaria para la edición. Es muy raro, pero mientras escribía esto con el título que cae como un *objet trouvé* que se vuelve el nombre del archivo o un talismán, Eduardo Espina escribía *Libro albe⋅río*, que ya se publicó pero todavía no leí.

"De qué río refuso" también es un poema "ocupado" por las voces testimonios, contrapuntos. Solo en la puesta en escena de la infancia, por instantes, se dan extrañadamente "spoken words al unísono" *(La Tiza ⋅e Poe).*

— **¿Alguna rutina o método a la hora de escribir?**

Mi existencia cotidiana siempre se "ordenó" contra la rutina. Pero me doy cuenta de que desde hace mucho tiempo, digamos, desde la posibilidad de tener una computadora portátil, el teclado que no ne-cesito mirar me permite mis escalas matinales. Pero es una ilusión, tal vez es la tarde de ese día lo que me lo permite. Nunca cultivé la rutina porque cada día tiene horarios diferentes. No hay dos iguales. Y tengo que descubrir el resquicio para el lujo, en el que me puedo apropiar de mi espacio-tiempo. Me dicen "solar", mi animal escribe al sol, a la luz del día, y no de noche, ni con gatos. Desde hace mucho cuando me siento hay una continuidad, no sé cómo, pero me siento a continuar y no empiezo de cero, salvo que me asalten unos versos en medio de un trayecto o cuando me voy durmiendo, venidos de otra parte misteriosa de los hemisferios.

¿O los poemas nacen *in me⋅ia res*, como si no tuvieran principio? Tampoco tienen final. Todos podrían decir "Continuará", por eso son mis series favoritas, aunque no tengan "gancho". Nuestra eternidad gráficamente instalada. Tal vez sea rutina el propósito de tener cada día mi momento "para perderme" que sería para encontrarme algo. Una verdadera lucha (contra el tiempo productivo y los aparatos de la comunicación con sus demandas full time que pretenden volver cada cerebro un recipiente totalmente disponible). Pero tengo mi auto-vacuna. ¡Y que los marquetineros bufen!

Belleville, 25 de octubre de 2022

LIBROS DE ROXANA PÁEZ

2022 *Impasse de la baleine*
(Edición bilingüe, París, Le Temps des cerises; trad. de Anne Talvaz)

2021 *La isla fosforescente/El Diario de la china.*
(La Plata, Pixel)

2018 *La Tiza de Poe*
(La Plata, Malisia)

Impasse de la Ballena
(Córdoba, Alcion)

2016 *Contradegüellos. Obra reunida de Francisco Madariaga*
(dirección, edición, ensayos, notas; Paraná, Eduner)

TRaVerSee (plaquette).
(Marsella, Fidel Anthèlme X)

2015 *Crying Body*
(prefacio de Vicente Constantini [http://www.abacq.org/cuaderno/])

2013 *Poéticas del espacio argentino. Juan L. Ortiz y Francisco Madariaga,*
(Buenos Aires, Mansalva)

2012 *Brindilles à sa flambée*
(Edición bilingüe, París-Córdoba, co-edición de Reflet de Lettres/ Alcion; trad. de *Fogata de ramitas y huesos* realizada por la autora con Geneviève Huttin).

El diario de la china (Donde el diablo perdió el poncho y la liebre y el zorro se dan las buenas noches)
(Córdoba, Sofía Cartonera)

Le journal de la china (Là où le diablo perd le poncho et le renard et le lièvre se disent bonne nuit)
(Edición bilingüe, Marsella, Fidel Anthelme X)

2011   *Serie de banda rumorosa*
(Córdoba, Alción)

2007   *Madre ciruelo*
(Córdoba, Alción)

Lettera rarissima (antología bilingüe)
(Marsella, Fidel Anthèlme X)

2002   *Fogata de ramitas y huesos*
(Córdoba, Alción, reeditado en 2009)

1999   *La indecisión*
(Buenos Aires, La Marca)

1995   *Las vegas del porvenir*
(Buenos Aires, La Marca)

Manuel Puig. Del pop a la extrañeza
(Buenos Aires, Almagesto)

1994   *Gran distracción animada*
(Buenos Aires, Seis Sellos)

LECTURA DE POEMAS
POR ROXANA PÁEZ

https://germyd.wixsite.com/roxanapaez